Weine ruhig

Aliza Barak-Ressler

Weine ruhig

Eine Geschichte vom Überleben

Aus dem Englischen
von Gesine Strempel

Weltbild

Die englische Originalausgabe erschien 2003 unter dem
Titel *Cry Little Girl* bei Yad Vashem Publishing, Jerusalem.

Besuchen Sie uns im Internet:
www.weltbild.de

Genehmigte Lizenzausgabe für Verlagsgruppe Weltbild GmbH,
Steinerne Furt, 86167 Augsburg

Übersetzung: Gesine Strempel
Die Fotos im Innenteil stammen aus dem Privatbesitz der Autorin.
Umschlaggestaltung: Studio Höpfner-Thoma, München,
unter Verwendung eines Familienfotos aus dem Privatbesitz der Autorin.
Gesamtherstellung: GGP Media GmbH, Pößneck
Printed in the EU

ISBN 978-3-8289-8756-2

2010 2009 2008 2007
Die letzte Jahreszahl gibt die aktuelle Lizenzausgabe an.

Für meine Eltern Zipora und Moshe Ressler.
Ihr Einfallsreichtum und Mut haben uns befähigt,
zahlreiche Gefahren zu bestehen und dem
sicheren Tod zu entrinnen.

Inhalt

Prolog

»Großmama, erzähl mir noch mal die Geschichte von früher, als du noch ganz klein warst, ungefähr so alt wie ich. Ich will, dass du von Anfang an erzählst und nichts auslässt. Das letzte Mal hast du alles Mögliche ausgelassen, und ich musste dich daran erinnern … Großmama, vielleicht könntest du alles aufschreiben, und dann wirst du bestimmt nichts mehr vergessen!«

So lautete die Bitte meiner elfjährigen Enkelin, die mich mit ihren großen blauen Augen erwartungsvoll anschaute. Wer hätte sie ihr abschlagen können?

Während meiner vielen Jahre als Grundschullehrerin und Dozentin an der Pädagogischen Hochschule wurde ich zu jedem Schoah-Gedenktag eingeladen, um Schülern und Studenten meine Geschichte zu erzählen. Das waren regelmäßig sehr bewegende Begegnungen; das Mitgefühl war überwältigend, und die Leute kamen anschließend zu mir und baten mich, meine Geschichte aufzuschreiben. Sie sagten, die letzten Überlebenden hätten, solange sie dazu noch in der Lage seien, die Verpflichtung, ihre Geschichten niederzuschreiben. Ihre Argumente haben mich schließlich überzeugt.

Ich hatte tatsächlich schon lange vor der Geburt meiner Enkel das Bedürfnis, die Geschichte aufzuschreiben, die meiner Familie und mir widerfahren ist. All das, was sich in mir aufgestaut hatte, schrie danach, herausgelassen zu werden. Ich spürte die Notwendigkeit, unsere Geschichte schriftlich festzuhalten, ehe es zu spät war, ehe das Alter das Regiment übernahm, die Erinnerung verblasste und der Wunsch meiner

Enkelin sich nicht mehr erfüllen ließ. Aber wie jeder andere Mensch verlor ich mich in der Routine des Alltags. Die Zeit eilte dahin, und das nicht eingelöste Versprechen setzte meinem Gewissen nachhaltig zu. Doch ich wusste, die Zeit würde kommen, da all die Ereignisse, die Ängste und die Trauer der Vergangenheit aus den Tiefen meiner Erinnerung hervorkommen und ich das Schweigen durchbrechen würde.

Alles hat seine Zeit. Vielleicht musste ich erst ein fortgeschrittenes Alter erreichen, in den Ruhestand gehen, mich vom Berufs- und Familienalltag befreien, damit die Dinge in mir reiften und ich mir die Zeit zum Schreiben nehmen konnte.

Meine Erinnerung spielt mir jetzt schon manchmal Streiche; sie neigt dazu, hauptsächlich die ungewöhnlichen Ereignisse zu bewahren. Dennoch haben sich zahlreiche Dinge, die sich vor mehr als einem halben Jahrhundert zutrugen, tief in mein Gedächtnis eingegraben. Es bedarf lediglich bestimmter Bilder, Stimmen, Gerüche – Zweige, die sich im Wind bewegen, oder das Rascheln fallender Blätter im Herbst, der Geruch von frischem Heu, der Klang von Kirchenglocken –, und die Erinnerungen werden sofort wieder lebendig.

Doch wo und wie soll ich anfangen?

»Großmama, warum fängst du nicht mit der Zeit an, als du ein kleines Mädchen warst?«

Die Beharrlichkeit meiner Enkelin gibt mir Kraft. Ich stürze mich in die Welt der Erinnerungen und beginne mit der Bergung meiner Geschichte.

Schule

Michalovce ist eine Kleinstadt im Osten der Slowakei. Etwa ein Drittel der 15 000 Einwohner waren in den dreißiger Jahren Juden. Im Zentrum der Stadt, gegenüber dem Rathaus, stand eine wunderschöne Synagoge. Die Heiligkeit des Schabbat war sogar auf der Hauptstraße zu spüren, denn die jüdischen Geschäfte schlossen bereits am Freitagnachmittag. Tatsächlich waren die meisten Anwohner der Hauptstraße Juden. Der Sekretär des Bürgermeisters und die Mehrheit der Ärzte, Ingenieure und übrigen Akademiker waren jüdisch.

Die jüdische Gemeinde war fast ausschließlich orthodox oder traditionell ausgerichtet; nur eine kleine Minderheit war nicht religiös. Die meisten Juden lebten im selben Viertel, in Mietshäusern, die um lange Innenhöfe herum gebaut worden waren. Um jeden Innenhof wohnten zehn oder zwölf Familien, alle in sehr bescheidenen Verhältnissen. Für gewöhnlich waren die Toiletten nicht in der Wohnung, sondern befanden sich an einem Ende der Höfe. Meine Familie wohnte zusammen mit zehn weiteren jüdischen Familien an einem Hof in der Hauptstraße gegenüber der Großen Synagoge. Wir waren drei Schwestern: Ich war 1936 sechs Jahre alt und wurde im selben Jahr eingeschult, Rachel, die vier war, ging in den Kindergarten, und Miriam, noch ein Baby, wurde tagsüber von einer Kinderfrau versorgt.

1936 verlief das Leben ruhig und ohne besondere Vorkommnisse. Es gab noch keine Anzeichen der drohenden Katastrophe. Die Juden empfanden Michalovce als ihre Heimat, so wie viele Generationen von Juden, die vor ihnen dort gelebt hatten. Wir wussten es nicht, aber der Sand des Stun-

Die ehemalige Große Synagoge im Stadtzentrum von Michalovce

denglases ging bereits zur Neige, Körnchen für Körnchen, und signalisierte das Ende unseres unbeschwerten Lebens und damit den Beginn einer unheilvollen, furchterregenden Zeit. Gerüchte sickerten durch, denen zufolge die Juden im aufgeklärten Deutschland grob behandelt würden und viele von ihnen das Land verließen, aber das betraf uns im Grunde nicht.

1936 wurde ich in die erste Klasse der städtischen, nichtjüdischen Grundschule eingeschult. Das war für mich ein ganz besonderes, sehr bewegendes Ereignis. Meine Eltern begleiteten mich nicht an meinem ersten Schultag, weil das bei uns nicht üblich war. Vielleicht vertrauten sie mir, oder vielleicht bedeutete ihnen die ganze Angelegenheit nicht viel.

Ich habe bis heute eine seltsame Angewohnheit: Wenn ich morgens aufwache, blicke ich zuallererst zum Fenster, so wie ich es als Kind in Michalovce tat. Damals sah ich durch das Fenster auf einen großen Baum. Es war für mich so etwas wie ein Ritual, den Baum jeden Morgen zu begrüßen, als würde er den neuen Tag verkünden und ihn segnen. Der Baum vor meinem Fenster symbolisierte Ausdauer und Beständigkeit, etwas zutiefst Weises und Beruhigendes. Ich beobachtete die Veränderungen, die der Baum im Wechsel der Jahreszeiten durchmachte. Manchmal hatte ich das Gefühl, dass man mit dem Baum sogar sprechen konnte.

Von frühster Kindheit an war ich auf mich selbst gestellt, vielleicht, weil ich die Älteste war. Deshalb begriff ich schon in der ersten Schulwoche, dass ich zeitig aufstehen musste. Ich war immer die Erste, die wach wurde. Meine Eltern, die im Nebenzimmer schliefen, wussten, dass ich ein verantwortungsbewusstes Mädchen war und das *Modeh Ani* betete, das morgendliche Dankgebet. Meine Hausaufgaben erledigte ich nachmittags. Die Schulmappe lag auf dem Stuhl neben meinem Bett. Sie enthielt nur ein Buch, eine Fibel, einen Federkasten und zwei Hefte, ein Schreibheft und ein Rechenheft.

Damals unterrichtete man nach der Lautschriftmethode, ohne zunächst auf die Bedeutung der Wörter zu achten. Jede Seite der Fibel widmete sich einem anderen Buchstaben des Alphabets. Wenn wir den Klang, den Namen und die Form eines Buchstabens kannten, sagten wir ihn monoton immer wieder auf. Erst als wir am Ende der Fibel angelangt waren, wurden die Buchstaben zu Wörtern zusammengesetzt. Ich fand das langweilig. Rechnen hingegen liebte ich. Ich konnte zählen und addieren und prahlte gern mit dem, was ich schon im Kindergarten gelernt hatte. Im Lesen war ich weniger mutig, weil meine Muttersprache nicht Slowakisch war, die Sprache, die in der Schule gesprochen wurde.

Meine Mutter war aus Ungarn in die Slowakei gekommen, um zu heiraten – es handelte sich um eine arrangierte Ehe, wie es damals Brauch war. Sie sprach die Landessprache nicht, und abgesehen von den wenigen Sätzen, die sie zum Einkaufen und für ihr Schneidergeschäft brauchte, hat sie nie Slowakisch gelernt, obwohl es die Muttersprache meines Vaters war. Glücklicherweise kam meine Mutter in unserer Gegend mit Ungarisch und Deutsch ganz gut zurecht, weil die

Juden dort beide Sprachen fließend beherrschten. Zu Hause sprachen wir Ungarisch. Mein Slowakisch war kümmerlich, beruhte auf dem, was ich im Kindergarten, den ich kurze Zeit besuchte, und beim Spielen mit den Nachbarskindern aufgeschnappt hatte. Mein Sprachdefizit wurde mir erst in der Schule bewusst und ärgerte mich jeden Morgen auf meinem Schulweg aufs Neue.

Es war ein trüber grauer Herbsttag, ein kalter Wind peitschte mein Gesicht und piekste in meinen Ohren. Der Wind zerrte an den Zweigen der Bäume wie bei einem rituellen Tanz. Sie bewegten sich wie Arme von Tänzern nach oben und unten, nach links und nach rechts und verstreuten ihre schon gelb werdenden Blätter. Die Windstöße wirbelten die Blätter in Kreisen herum, ehe sie zu Boden schwebten. Es war ein wunderbarer Anblick, der immer noch einen hypnotischen Effekt auf mich hat, wenn ich ihn mir heute vergegenwärtige.

Auf dem Schulweg traf ich viele Kinder, die ebenfalls zu dem niedrigen Haus mit dem Ziegeldach und den rechteckigen Fenstern eilten. Wir marschierten durch das Tor und betraten das Klassenzimmer, zogen die Mäntel aus, setzten uns paarweise auf unsere Bänke und warteten auf das Klingeln, das den Beginn des Unterrichts verkündete. Schließlich ging die Tür auf, und die Lehrerin stand auf der Schwelle. Die Kinder erhoben sich, und Stille senkte sich über das Klassenzimmer.

»Guten Morgen, Kinder«, sagte die Lehrerin.

»Guten Morgen, Frau Lehrerin«, antworteten wir im Chor.

»Setzen«, befahl die Lehrerin, und wir setzten uns alle hin und verschränkten die Arme.

»Ehe wir heute den Buchstaben D lernen, stehen alle auf, falten die Hände und beginnen den Tag mit einem Ave-Maria.«

Alle Kinder sprachen das Gebet. Nur ich und meine beste Freundin Yehudit und noch ein paar andere jüdische Mädchen standen schweigend da. Wir hatten die Köpfe gesenkt, schlugen die Augen nieder, und unsere Hände hingen schlaff herunter. Ich war peinlich berührt, mir war bewusst, dass ich anders war, und verlagerte unruhig mein Gewicht von einem Fuß auf den anderen, während ich verlegen zur Lehrerin schielte. Als sich unsere Augen trafen, spürte ich Unbehagen. Ohne es zu wollen, fingen meine Lippen an, die Worte des christlichen Gebets zu murmeln, obwohl ich wusste, dass es nicht mein Gebet war. Jüdische Kinder brauchten die christlichen Gebete nicht mitzusprechen, und die jüdische Gemeinde schickte uns nachmittags einen eigenen Religionslehrer. Trotzdem mussten wir anwesend sein und während des Gebets mit der Klasse aufstehen. Das war peinlich und unangenehm. Ich spürte die neugierigen Blicke der nichtjüdischen Kinder auf mir. Das Gebet schien endlos zu dauern, und ich wünschte mir die ganze Zeit, dass es endlich zu Ende wäre, damit wir mit dem Unterricht anfangen könnten. Die Distanz zum Christentum, die ich damals bei diesen Morgengebeten empfand, spüre ich bis heute, sobald in meiner Gegenwart christliche Gebete gesprochen werden.

Endlich wurde uns befohlen, die Fibel, Bleistifte und Hefte herauszunehmen. Der Unterricht begann. Plötzlich, nur wenige Minuten nachdem wir im Chor die Worte der Lehrerin wiederholt hatten, klopfte es. Es wurde sofort still, und alle sahen zur Tür. Auf ein Zeichen der Lehrerin hin erhoben wir uns und blieben schweigend stehen. Die Tür ging auf, und die Lehrerin der dritten Klasse betrat mit einem blonden Jungen den Raum. Die Lehrerin hatte den Schüler am Ohr gepackt, und er stand beschämt neben ihr. Seine geflickte Kleidung war ihm zu klein, und seine Schuhe waren dreckverkrustet. Er hielt den Kopf gesenkt und starrte auf den Boden.

Die Lehrerin der dritten Klasse sagte: »Guten Morgen, Kinder, setzt euch.« Sie ließ das Ohr des Jungen los und fuhr fort: »Das ist Jan. Er ist ein Schüler von mir. Jan ist sehr faul und kann nicht rechnen. Ich habe ihn zu euch in die erste Klasse gebracht, damit er sieht, dass sogar die Erstklässler Rechenaufgaben lösen können, die ihm so schwer fallen. Ich habe ihn gefragt, wie viel sechs plus sieben ist, und er wusste es nicht. Gibt es hier jemanden, der dem dummen und faulen Jan die Lösung sagen kann?«

Unsere Lehrerin suchte mit den Augen die Klasse ab, dann zeigte sie auf mich und sagte: »Kannst du diesem dummen Jungen sagen, wie viel sechs plus sieben ist?«

Ich wusste die richtige Antwort sofort, aber ich wusste nicht, wie ich auf Slowakisch »dreizehn« sagen sollte, also antwortete ich unsicher: »Zehn, drei.«

Die Kinder brachen in schallendes Gelächter aus, und ich wollte im Erdboden versinken, so sehr schämte ich mich. Aber unsere Klassenlehrerin kam mir zu Hilfe. »Ruhe, Kinder!«, sagte sie. »Alizas Antwort ist richtig. Die Antwort lautet tatsächlich dreizehn. Es ist nur schade, dass Aliza unsere schöne Sprache immer noch nicht richtig sprechen kann. Jedenfalls hat Jan etwas von ihr gelernt, und er sollte sich schämen, dass ein kleines Mädchen aus der ersten Klasse besser rechnen kann als er.«

Mein Herz klopfte, und mein Gesicht brannte vor Befriedigung und Verlegenheit zugleich.

Die Lehrerin der dritten Klasse schubste Jan zur Tür, wir standen ihr zu Ehren wieder auf, und als die beiden weg waren, ging der Unterricht normal weiter.

Am Ende des Schultages packten wir unsere Sachen zusammen, zogen unsere Mäntel an, setzten die Mützen auf, und nachdem wir uns im Chor verabschiedet hatten, verließen wir paarweise das Klassenzimmer. Draußen gingen dann alle ihrer Wege. Ich ging immer zusammen mit Yehudit, meiner Freundin und Nachbarin. Aber an jenem Tag tauchte plötzlich Jan zwischen zwei Häusern auf und rannte auf uns zu. Wir hatten schreckliche Angst. In der einen Hand hielt er einen

Stock, den er drohend hin und her schwang, und schrie: »Stinkendes Judenmädchen, ich werde dir zeigen, was es heißt, mich vor der ganzen Klasse bloßzustellen. In der Schule bist du richtig gut, aber jetzt wollen wir doch mal sehen, wie gut du ohne eine Lehrerin bist, die dich beschützt.«

Er holte mit dem Stock weit aus und schlug mir damit auf die Schulter. Ein scharfer Schmerz durchfuhr meinen dünnen Körper, und ich fiel nach hinten. Wenn mein dicker Mantel den Hieb nicht gemildert hätte, wäre ich schwer verletzt worden. Wir schrien auf und rannten los, aber Jan war schneller, und wieder landete sein Stock auf mir, diesmal auf meinem Kopf. Glücklicherweise kam ein Erwachsener vorbei, und Jan rannte weg.

Ich kam weinend und grün und blau geschlagen nach Hause und erzählte meinen Eltern, was vorgefallen war. Mein Kopf tat sehr weh, aber am meisten schmerzte mich, als »stinkendes Judenmädchen« bezeichnet worden zu sein. Es war das erste Mal, dass jemand etwas Derartiges zu mir gesagt hatte. Meine Eltern und die ganze Gemeinde waren sehr aufgebracht wegen des Vorfalls, glaubten aber, es handele sich um einen Einzelfall. Die meisten Leute zogen es vor, die Angelegenheit zu vergessen. Meine Eltern beschwerten sich über den Jungen beim Rektor, und damit war für sie die Sache erledigt.

Noch lange nach diesem Zwischenfall hatte ich Angst, wenn ich von der Schule nach Hause ging. Ich sah mich ständig um, weil ich fürchtete, dass Jan mir wieder auflauern und mich schlagen würde. Aber die Verwarnung, die ihm der Rektor erteilt hatte, wirkte, und er ließ mich in Ruhe. Ich besuchte die staatliche Grundschule bis 1939, und es kam immer häufiger vor, dass wir jüdischen Kinder von christlichen Mitschülern beleidigt wurden.

Im Schuljahr 1939/40 wurden alle jüdischen Lehrer der staatlichen Schulen entlassen. Ein junger, aber hervorragender Erzieher, der aus Michalovce stammte und jahrelang in einer anderen Gemeinde unterrichtet hatte, erkannte die Zeichen der Zeit. Er kehrte in unsere Stadt zurück und initiierte beherzt die Gründung einer jüdischen Schule. Die aufgeklärten Mitglieder der Gemeinde unterstützten ihn, doch die staatlichen Behörden, die schon unter dem Einfluss des deutschen Antisemitismus standen, verweigerten ihm jegliche Unterstützung. Also fand sich zunächst kein passendes Gebäude, und es mangelte an der Grundausstattung. Es gab nicht genügend ausgebildete Lehrer in der Gemeinde, da einige zur Armee eingezogen worden waren, so dass Lehrer aus entfernten Gegenden angeworben werden mussten. Aber das größte Hindernis waren die Auseinandersetzungen innerhalb der jüdischen Gemeinde über den Schultyp: Sollte es gemischte Klassen geben? Wie sollte die Trennung zwischen Religionsunterricht und weltlichem Unterricht aussehen?

Die Eröffnung der Schule verzögerte sich durch den Einmarsch der Deutschen in Polen, mit dem der Zweite Weltkrieg begann. Doch dank der Zähigkeit des jungen Erziehers (und künftigen Direktors) konnten die meisten Hindernisse überwunden werden, und schließlich wurde in Michalovce eine unabhängige jüdische Schule gegründet.

Die jüdischen Kinder wechselten daraufhin von den staatlichen Schulen in die neue jüdische Einrichtung. Wir bemerkten sofort die veränderte Atmosphäre: Schlagartig waren wir von unseren Ängsten und Beklemmungen befreit. Unsere Freude war groß, trotz der miserablen äußeren Bedingungen. Die neue Schule stärkte unser jüdisches und zionistisches Bewusstsein. Es dauerte nicht lange, dann wurden alle jüdischen Schüler vom Besuch der staatlichen Schulen ausgeschlossen, und es war nur unserem vorausschauenden Direktor zu verdanken, dass es eine Schule gab, die sie besuchen konnten. Die Mehrheit der Juden empfand diese Trennung nicht als Affront, vielmehr waren sie froh darüber, dass ihre Kinder dadurch vor schlechten Einflüssen geschützt waren. Niemand ahnte, dass dies die ersten Anzeichen einer dunklen Zeit waren, die in Verfolgung, Zerstörung und Vernichtung münden würde.

Wie viele Zeichen sind nötig, damit ein Mensch begreift, was ihm bevorsteht? Trotz des gewaltigen Sturms, der schnell näher kam und bereits durch weite Gebiete toste, blieb der Jude stehen, schloss die Augen, steckte den Kopf in den Sand trotz bitterer Erfahrungen zahlreicher Generationen vor ihm und rief:»Mit des Ewigen Hilfe wird alles gut werden.«

Der Mann in der Wand

Im September 1939 brach der Zweite Weltkrieg aus. Ein halbes Jahr zuvor waren Hitlers Truppen in die Tschechoslowakei einmarschiert und hatten Böhmen und Mähren annektiert. In der Slowakei, die sich mit Hilfe der Deutschen von der Tschechoslowakei abgespalten hatte, litten die Juden verstärkt unter den politischen Entwicklungen. Juden wurden aus dem Staatsdienst entlassen, aus Handelsgesellschaften und Banken, und das Land wohlhabender jüdischer Bauern und Gutsbesitzer, deren Familien seit Jahrhunderten in der Slowakei ansässig waren, wurde konfisziert und Nichtjuden übereignet.

Ende 1941 wurde die Lage sogar noch schlimmer. Viele Menschen verloren ihre Existenzgrundlage, und niemand wusste, was der nächste Tag bringen würde. Michalovce war einer der ersten Orte in der Ostslowakei, in denen die Juden ab dem sechsten Lebensjahr gezwungen wurden, eine gelbe Binde am linken Arm zu tragen. Die Fabrikation und der Verkauf der gelben Streifen entwickelten sich schon bald zu einem blühenden Gewerbe. Plötzlich waren wir gebrandmarkt und diffamiert.

In der jüdischen Gemeinde wurde viel über die Zukunft geraunt und gestritten. Manche Leute erinnerten sich noch lebhaft an die Schrecken des Ersten Weltkriegs. Fremde – meistens junge Leute – tauchten in den Straßen und den Synagogen auf. Die Nachbarn versammelten sich in den Höfen und steckten die Köpfe zusammen, um zu erfahren, um wen es sich bei diesen geheimnisvollen Neuankömmlingen handelte.

Meine Eltern Zipora und Moshe Ressler, 1940 in Michalovce

Auch in unserem Haus gab es Gerüchte über jüdische Flüchtlinge aus Polen, die nachts über die Grenze kamen und Zuflucht in Städten suchten, in denen Juden lebten. Doch bei allem Verständnis und Mitleid herrschte zugleich große Skepsis, wenn es um die »Geschichten« ging, die sie erzählten. Und in der Tat: Wer konnte denn schon derartige Dinge glauben? Die »Polen« berichteten nämlich, dass die Juden in Gettos zusammengepfercht wurden, und sprachen von brutalen Behandlungen (der Begriff »Getto« war in der Slowakei nicht bekannt, obwohl auch in Michalovce viele Juden gezwungen wurden, ihre Wohnungen in der Hauptstraße zu verlassen und in einfachere Behausungen in den Nebenstraßen zu ziehen). Die Flüchtlinge erzählten, dass viele junge Juden nach Rumänien und Russland flüchteten.

Die Gemeinde war tief in Sorge. Man hatte Mitleid mit den Flüchtlingen, doch glaubte man, dass nur »dort« so etwas passieren könnte. Polen war bekannt für seinen jahrhundertealten Antisemitismus, so dass man den Polen unterstellen konnte, mit der rassistischen Doktrin der Nazis zu sympathisieren. In der Slowakei »würde so etwas nie passieren«. Sicher, es gab einen latenten Antisemitismus, aber der Beitrag der Juden zur Wirtschaft der Stadt und des Landes sicherte den Wohlstand der Gemeinde. Die engen nachbarschaftlichen Beziehungen zwischen Juden und Christen und ihr gemeinsames bürgerschaftliches Engagement zeugten von Harmonie und gegenseitiger Abhängigkeit in allen Lebensbereichen.

Der Strom der Flüchtlinge riss nicht ab, und die Berichte von den Torturen, die die Menschen hatten überstehen müssen, wurden immer entsetzlicher. Wir fingen an, uns voller Angst zu fragen, ob wir nicht in der Falle saßen. Trotzdem setzten wir unser normales Leben fort, vielleicht zogen wir es vor, jegliche Gedanken an die schreckliche Zukunft, die uns möglicherweise bevorstand, zu unterdrücken – als wären die schrecklichen Ereignisse im Nachbarland ein Problem, das uns nicht betraf. Die slowakischen Juden weigerten sich zu glauben, was sie hörten. Deshalb unternahmen sie nichts, um sich auf das vorzubereiten, was schließlich – allen Beschwichtigungen zum Trotz – passierte. Selbst vor den Verfolgungen in Polen waren Juden aus Deutschland und Österreich vertrieben worden, aber die Juden in unserer Gegend waren selbstgefällig, glaubten, dass sie verschont würden, dass der Sturm vorübergehen und »alles gut werden würde«.

Die Flüchtlinge wurden in die Gemeinde integriert. Jede Familie nahm einen der Neuankömmlinge auf und sorgte für ihn. Das war die Situation im Jahre 1941. Doch dann …

Eines Tages kam ich von der Schule nach Hause und bemerkte, dass unsere Wohnung sich verändert hatte: Die kostbaren Teppiche waren verschwunden und mit ihnen die alten, vertrauten Farben, und der nackte Holzfußboden sah befremdlich aus.

»Was ist passiert?«, fragte ich und erfuhr, dass die Regierung ein neues Gesetz verabschiedet hatte, dem zufolge die Juden ihre Teppiche, ihre Gemälde und ihren Schmuck abliefern mussten, um die Kriegsanstrengungen zu unterstützen. Da die Juden nicht zum Militärdienst herangezogen würden – sie galten als unzuverlässig –, sollten sie zumindest einen materiellen Beitrag leisten. Den Juden drohten strenge Strafen, falls sie versuchten, Schmuckstücke (außer Eheringen, die sie behalten durften) zu verstecken. Dieses Risiko ging jedoch fast jeder ein und versteckte einige Wertsachen für schwere Zeiten.

Selbst mein Vater, von Natur aus Optimist, der stets Vertrauen und Zuversicht ausstrahlte, wirkte beunruhigt und niedergeschlagen – und zwar nicht wegen des Verlusts der Teppiche, der Gemälde und des Schmucks, sondern weil er auch das Radio hatte abgeben müssen. Die Regierung wollte auf diese Weise sicherstellen, dass die Juden nicht an geheime politische Informationen gelangten. Vater hatte bis dahin regelmäßig BBC gehört. Tag und Nacht saß er endlose Stunden neben dem Radio, hoffte auf ermutigende Nachrichten von den alliierten Streitkräften und betete für ein baldiges Ende des Krieges.

Doch es war nichts zu machen: Der Befehl lautete, das Radio auszuhändigen. Aber dann fand sich eine Lösung. Unser christlicher Nachbar, Vaters Freund aus Kindertagen, schlug vor, die Radios zu tauschen. Er würde Vater sein Radio geben, das klein war und einen schlechten Empfang hatte und das Vater den Behörden übergeben sollte. Dafür würde der Nachbar unser gutes großes Radio bekommen, und Vater könnte dann hin und wieder bei ihm die Nachrichten hören, wenn er ihn besuchte. Gesagt, getan: Das kleine Radio wurde der Behörde übergeben, und Vater hörte die Nachrichten in der Wohnung des christlichen Nachbarn.

Von Anfang an waren wir einer anhaltenden Flut von Gerüchten ausgesetzt. Manche waren unwahr, aber die meisten stellten sich unglücklicherweise als wahr heraus. Jedes noch so absurde Gerücht machte die Runde unter den verängstigten Juden der Stadt, die sich vor der Zukunft fürchteten. An einem Freitag im März 1942 zum Beispiel verbreitete sich das Gerücht, dass alle Mädchen und unverheirateten Frauen deportiert werden sollten.

Am nächsten Tag brachten meine Eltern durch ein hastig geführtes Telefongespräch in Erfahrung, dass die Mädchen im Nachbarort abgeholt, in Eisenbahnwagons gepfercht und mit unbekanntem Ziel deportiert worden waren. Das alles hörte sich völlig irrwitzig an, wie die Ausgeburt einer kranken Fantasie. Wir Mädchen sollten tatsächlich am helllichten Tag mitten im zivilisierten Europa entführt werden? Ein tiefer Abgrund schien sich aufzutun, und die Leute befürchteten, dass diesmal etwas wirklich Schreckliches passieren würde. Tugendhafte Mädchen, streng behütet, die nie unbegleitet das Haus verließen, wurden plötzlich aus ihren Familien gerissen. Ein lauter, verzweifelter Schrei gellte durch die Gemeinde, als wäre der Himmel eingestürzt. Ein Tag des Fastens und Betens wurde ausgerufen. Uns wurde mulmig. Was sollten wir tun? Wohin fliehen? Würde man die Mädchen tatsächlich zum Arbeiten in die Mittelslowakei schicken? Oder war das nur ein Vorwand, hinter dem sich etwas viel Schlimmeres verbarg?

Anfang März waren Gerüchte über ein Arbeitslager in Deutsch Eylau aufgekommen, in das Männer mit einer politischen Vergangenheit deportiert wurden, oder auch Männer, die verdächtigt wurden, mit linksgerichteten Parteien zu sympathisieren. Von dort transportierte man sie angeblich in Todeslager. Den Gerüchten zufolge war geplant, auch die übrigen jüdischen Männer zu verhaften und nach Deutsch Eylau zu deportieren. Jede Familie versuchte fieberhaft, ihre jungen Männer zu verstecken. Viele Männer, darunter sogar einige verheiratete, flohen über die Grenze nach Ungarn. Aber was würde hingegen aus den Mädchen werden? Niemand hatte sich je vorgestellt, dass ausgerechnet diese hilflosen Geschöpfe die Ersten sein würden, die man abholt. Der Schrecken lähmte uns und drohte, die Familien und die gesamte Gemeinde zu zerreißen.

Am Sonntag lag die Hauptstraße verlassen da. Eine bedrückende Stille lastete auf unserem Viertel. Die Frauen und Mädchen blieben im Haus, bei ihren Familien. Am nächsten Morgen glich Michalovce einer Stadt im Belagerungszustand. Die Straßen waren plötzlich voller Soldaten und Polizisten. Waren diese Heerscharen gekommen, um gegen feindliche zu kämpfen oder einen bewaffneten Aufstand niederzuschlagen? Schließlich ging es doch nur um jüdische Frauen und Mädchen!

Um sicherzustellen, dass der Befehl ordnungsgemäß ausgeführt wurde, hatten die Behörden die Hlinka-Garde geschickt, eine paramilitärische Einheit, die der herrschenden Partei treu ergeben war, vergleichbar mit der SS in Deutschland. Die Gardisten trugen schwarze Uniformen und polierte Schaftstiefel, und ihr Anblick erfüllte uns mit Furcht und Entsetzen.

Um ihre Loyalität dem Dritten Reich gegenüber zu beweisen, versuchten die slowakischen Gardisten, die Deutschen an Grausamkeit zu übertreffen. Ihr Vorgehen gegen die Mädchen und jungen Frauen war äußerst brutal. Sie rissen die Mädchen aus den Armen ihrer Mütter und zerrten sie ohne Erbarmen auf die Straße, pferchten sie auf Lastwagen zusammen und brachten sie zum Bahnhof. Mütter warfen sich vor die Lastwagen, aber die Barbaren schlugen sie mit ihren Gewehrkolben und jagten sie fort. Verzweifelte Eltern rannten hilflos herum, weinten herzzerreißend und flehten um Gnade, fanden jedoch bei niemandem Gehör. Die nichtjüdische Bevölkerung sah unbeteiligt zu und rührte keinen Finger. Die Jagd dauerte drei Tage und drei Nächte, und die wenigen Mädchen, denen es gelang, den Häschern zu entkommen, wurden später zusammen mit ihren Familien festgenommen.

Oft hörten wir Trommelschläge auf der Straße – das war die übliche Art, behördliche Maßnahmen aller Art bekannt zu geben. Eines Tages verkündeten die Trommler den Befehl, dass alle jüdischen Männer ab sechzehn Jahren sich auf dem Rathausplatz einzufinden hätten. Von dort aus würden sie zur Arbeit geschickt werden, um die Armee zu unterstützen. Ein jeder von ihnen durfte bis zu dreißig Kilo Verpflegung und Kleidung in einem Rucksack mitnehmen.

Wieder waren die Juden wie vom Donner gerührt. In den Synagogen wurde gemutmaßt und diskutiert. Die Männer kamen häufig spät nach Hause, als würde das Abendgebet länger dauern. Sie überlegten, ob sie gehorchen und sich am Rathausplatz einfinden oder sich verstecken und fliehen sollten. Die meisten Juden hatten geglaubt, dass sie in den Städten, in denen sie seit Generationen lebten, sicher wären. Jetzt, nach der Deportation der Mädchen, fragte sich die jüdische Gemeinde, was die Behörden mit den jüdischen Männern vorhatten. Wo würde man sie hinschicken? Würden sie tatsächlich die Armee unterstützen? Was sollte aus den Familien werden, die ohne Männer zurückblieben? Wer würde für sie sorgen und sie beschützen?

Einige wenige junge Männer flohen in die Wälder und gingen zu den Partisanen, die sich dort organisierten; sie wurden für den Widerstand und für Sabotageakte ausgebildet, aber sie bekamen noch keine Hilfe von außen. Einige männliche Verwandte meines Vaters – ein Onkel, der Junggeselle war, und mehrere Cousins – beschlossen, sich den Kämpfern anzuschließen. Sie kamen mitten in der Nacht, um sich zu verabschieden und den Segen für eine sichere Reise zu empfangen. Die allein stehenden Männer meiner Familie gingen also weg und flohen ins Ungewisse. Aber mein Onkel Menachem zögerte und entschied sich im letzten Moment zu bleiben, in der Hoffnung, ein Versteck zu finden und den Behörden zu entkommen.

Vater war ungeheuer frustriert. Für ihn stand fest, dass er nicht fliehen und die Familie verlassen würde, obwohl er vielleicht mitgenommen würde und so gezwungen wäre, eine Frau und drei kleine Mädchen schutzlos zurückzulassen. Was sollte er tun? Vater war entschlossen, sich nicht deportieren zu lassen. Er und meine Mutter erwogen verschiedene Möglichkeiten, und schließlich heckte Mutter einen Plan aus.

Ehe sie den Plan aber in die Tat umsetzten, verrieten Mutter und Vater ihn mir eines Abends, als meine beiden Schwestern schon schliefen. Ich war zwar die Älteste, aber noch keine zwölf Jahre alt. Meine Eltern weihten mich ein, weil auch mir eine kleine, aber nicht unbedeutende Rolle zugedacht war.

Unsere winzige Wohnung verfügte über eine etwa vier Quadratmeter große Kammer, die man vom Schlafzimmer aus durch eine kleine Wandtür betrat und die keine Fenster hatte. Dort wurden Bettzeug und Wintersachen aufbewahrt.

Mutters Plan war, dass Vater sich dort tagsüber verstecken sollte. Wir würden den Kleiderschrank vor die Kammertür schieben, um sie zu verbergen. Am Abend würden wir den Schrank wieder an seinen alten Platz zurückschieben, und Vater würde herauskommen und mit uns essen und vielleicht sogar in seinem eigenen Bett schlafen.

Natürlich erzählten wir niemandem etwas von unserem Plan – nicht einmal meinen kleinen Schwestern, die sich vielleicht verplappern würden. Nur ich wusste Bescheid, weil Mutter jeden Abend meine Hilfe brauchen würde, um den Kleiderschrank beiseite zu schieben, damit Vater herauskommen könnte, und ihn dann nachts, wenn die Kleinen fest schliefen, wieder vor die Tür zu schieben.

Und so machten wir es. Gegen Abend kam Vater heraus, aß einen Happen und legte sich für kurze Zeit aufs Bett – in der Kammer konnte er sich nicht ausstrecken, da sie zu klein war. Währenddessen standen Mutter und ich hinter der Wohnungstür Wache. Wenn sich jemand näherte, mussten wir Vater sofort wecken, damit er wieder in seinem Versteck verschwand. Nach nur zwei oder drei Stunden unruhigen Schlafs ging Vater wieder in die Kammer und setzte sich auf seinen Stuhl, Mutter und ich schlossen die Tür, die wir gerade so weit offen ließen, dass genug Luft hindurchkam, und schoben den Kleiderschrank wieder davor.

Drei Tage verstrichen. Die meisten jüdischen Männer bereiteten sich darauf vor, den Befehl zu befolgen, suchten die notwendigsten Sachen zusammen, die sie in einen Rucksack stopfen konnten. Spannung lag in der Luft. Die Kinder gingen nicht zur Schule. Die Erwachsenen liefen mit besorgten Mienen herum, aus ihren Augen sprachen Verwirrung und Angst.

Zur festgesetzten Zeit verließen die Männer ihre Wohnungen und machten sich auf den Weg zum Rathausplatz. Meine Schwestern und ich standen am Fenster und sahen ganze Familien, die die Hauptstraße entlangliefen, unter ihnen viele Nachbarn und andere Leute, die wir kannten. Es war ein schöner Frühlingstag, und wären die Gesichter der Männer nicht so angespannt gewesen und hätten die Mütter und die Ehefrauen, die ihre Söhne und Männer begleiteten, nicht geweint, dann hätte man meinen können, all diese Menschen seien auf dem Weg zu einem Ausflug oder einem Fest.

Erstaunt beobachtete ich die Menschenmenge. Ich hatte nicht gewusst, dass es so viele jüdische Männer in unserer Stadt gab. Währenddessen war Vater in der Kammer eingesperrt. Mir war es ein bisschen peinlich, dass wir nicht Teil der Menge waren, als würde ich ein besonderes Erlebnis, das uns alle verband, verpassen. Ich war fast wütend, dass mein Vater nicht mitging und sich wie eine Maus in ihrem Loch versteckte.

Allmählich ließ der Strom der Menschen nach. Schließlich überwältigte mich die Neugier: Ich wollte sehen, was als Nächstes passieren würde, und obwohl ich den Hof nicht verlassen durfte, stahl ich mich davon und mischte mich unter die Leute. Der Platz, auf dem die Männer sich versammeln sollten, lag in der Nähe unseres Hauses. Ich rannte den ganzen Weg, schwor, dass ich mich nur schnell vergewissern wollte, was los war, und dann gleich wieder nach Hause gehen würde.

Als ich ankam, blieb ich staunend stehen. Auf dem großen Platz drängte sich eine riesige Menschenmenge. Ich sah mich um, hörte, wie die Menschen weinten und versuchten, sich gegenseitig zu trösten. Ich konnte mich nicht bewegen. Ich weiß nicht, wie lange ich dort stand und einfach nur die Leute anstarrte. Das rhythmische Schlagen einer Trommel riss mich aus meinen Gedanken, ich spitzte die Ohren. Dann senkte sich eine sekundenlange bedrückende Stille über den Platz. Die Trommeln schlugen erneut, Befehle wurden gebellt. Die Männer sollten sich von ihren Familien verabschieden. Männer, Frauen und Kinder umarmten sich daraufhin und brachen in herzzerreißendes Schluchzen aus. Ich stand auf dem überfüllten Platz und spürte Einsamkeit, Angst, Entsetzen. Noch heute bekomme ich eine Gänsehaut, wenn ich mir diese Szene vergegenwärtige. Nachts, in meinen Träumen, durchlebe ich sie wieder und wieder und wache jedes Mal schweißgebadet auf.

Die Trommeln schlugen und schlugen, dann ertönte der Befehl: »Alle Männer paarweise aufstellen. Vorwärts, Marsch! Zum Bahnhof!«

Die Menge setzte sich in Bewegung, eskortiert von der Polizei. Frauen und Kinder durften nicht mit. Man befahl ihnen, wieder nach Hause zu gehen. Ein paar Polizisten versuchten sogar, sie zu beruhigen: »Wir haben Krieg, und auch die Juden müssen ihren Beitrag leisten. Sie werden den Soldaten helfen, und wenn der Krieg vorbei ist, werden sie alle wohlbehalten wieder nach Hause kommen.«

So wurden die Männer unserer Stadt zusammen mit den anderen slowakischen Juden in Zwangsarbeitslager gesteckt.

In der Folgezeit wurden weitere Gruppen zur »Arbeit« geschickt. Dabei handelte es sich meistens um Menschen, die versucht hatten, sich zu verstecken, aber verzweifelt aufgaben, weil sie in ihren Verstecken weder Brot noch Wasser hatten. Die Behörden fuhren fort zu behaupten, man schicke die Juden in ein Arbeitslager – bis uns die ersten Briefe aus Polen erreichten, mit Schilderungen der brutalen Bedingungen in den Konzentrationslagern und Gettos, die nichts mit einer Unterstützung der Armee zu tun hatten. Bei ihrer Ankunft trafen die Deportierten aus der Slowakei auf Juden aus Polen, die früher als sie eingesperrt worden waren. In den Lagern wurden sie gezwungen, unter extremen Bedingungen zu arbeiten, es herrschten Hunger und Kälte, und jeder, der nicht die Kraft und den Willen hatte durchzuhalten, brach zusammen und starb oder wurde »liquidiert«. Wir wussten noch nichts von der vorsätzlichen Massenvernichtung.

Die Kinder der Stadt besuchten weiterhin die jüdische Schule, als ob sich nichts verändert hätte. Tatsächlich fühlten wir uns zwischen den Kindern und Lehrern in der Schule sicherer als zu Hause. Die Schulroutine sorgte dafür, dass wir uns auf das Lernen konzentrierten und nicht an die Probleme der Erwachsenen dachten. Die Gemeinschaft der Kinder war vertraut und tröstlich; sie schenkte Ablenkung.

Unser Klassenlehrer war der Direktor selbst, der Mann, der die jüdische Schule gegründet hatte. Er war sehr pedantisch und streng, schwor auf konservative Erziehungsmethoden und zwang uns zu eiserner Disziplin. Wir begegneten ihm mit Ehrfurcht und spürten seine Distanz.

Das Lehrerkollegium der jüdischen Schule von Michalovce

Doch eines Morgens kam der Direktor in die Klasse und war unaufmerksam und in sich gekehrt, ganz anders als sonst. Wie immer erhoben wir uns, sahen ihn aber diesmal neugierig an. Fast unhörbar sagte er: »Setzt euch.« Selbst seine Stimme klang verändert.

Ein mutiger Junge traute sich zu fragen: »Was haben Sie denn, Herr Direktor?«

Und dann geschah etwas, das uns in unseren Bänken erstarren ließ. Dieser für gewöhnlich so strenge, beherrschte Mann weinte plötzlich bitterlich und sagte schluchzend: »Meine Schwester Esther« – sie war in unserer Stadt Kindergärtnerin – »ist abgeholt worden, und ich habe Angst, dass ich sie nie wiedersehen werde.«

Sein unerwartetes Verhalten und seine Tränen machten uns sprachlos, wir waren völlig überrascht von den Gefühlsregungen dieses Mannes, und das Schicksal seiner Schwester bekümmerte uns sehr. Auch wir brachen in Tränen aus. Wir legten die Köpfe auf die Tische und weinten, als spürten wir das Unheil, das auch über uns zu kommen drohte. Nach einer Weile beruhigte sich der Direktor wieder und begann mit dem Unterricht, als ob nichts passiert wäre. Vor kurzem hatte er Miriam geheiratet, eine andere Lehrerin, um sie vor der Deportation zu bewahren – es hatte viele Eheschließungen aus diesem Grund gegeben. Seine Schwester war offenbar unverheiratet.

Die meisten Mädchen und Männer der Stadt waren bereits deportiert worden, aber die wohlhabenden Juden und die führenden Mitglieder der Gemeinde konnten sich immer noch ihre Freiheit durch die Zahlung von Lösegeld erkaufen. Das war ihr »Beitrag zu den Kriegsleistungen«, statt »Arbeit«. Wir hatten dafür nicht das nötige Geld, so dass mein Vater weiterhin seine Tage in dem winzigen Raum hinter dem Kleiderschrank verbrachte und wir in der ständigen Angst lebten, er würde entdeckt werden.

Die Stadtverwaltung war mit der Zahl der Juden, die sich für die Transporte gemeldet hatten, nicht zufrieden und beschloss, die Wohnungen all derer zu durchsuchen, die auf der Liste standen, aber nicht erschienen waren. Sie klopften an jede Tür, an der eine *mesusa* hing (als ob wir uns wieder in Gefangenschaft in Ägypten befanden und die Erstgeborenen getötet werden sollten, witzelten die Leute – der Unterschied war nur, dass der Todesengel damals die Häuser der Israeliten verschonte). Wir wussten, dass es nur eine Frage der Zeit war, bis man auch an unsere Tür klopfen würde.

Und eines Abends war es so weit. Die Tür wurde gewaltsam geöffnet. Zwei Männer in Uniform stürmten herein und fragten Mutter: »Wo ist dein Mann Moritz?«

Mutter verstand die Frage, aber sie konnte nicht antworten, da sie nicht fließend Slowakisch sprach. Spontan warf ich mich zwischen meine Mutter und die Gardisten und sagte: »Meine Mutter kann nicht gut Slowakisch sprechen. Ich werde übersetzen und Ihnen antworten.«

Als sie die Frage wiederholten, sagte ich: »Vater ist zusammen mit einigen anderen in die Wälder geflohen.«

Ich bemühte mich, selbstsicher zu wirken und nicht mit der Wimper zu zucken, aber mein Herz hämmerte. Ich war sicher, dass die Gardisten mich durchschauten und wussten, dass ich log.

Ich hatte das Gefühl, gleich ohnmächtig zu werden, und dann packte mich einer von ihnen grob am Arm, sah mich böse an und sagte: »Ich glaube dir nicht. Es wird dir sehr Leid tun, wenn du uns angelogen hast und wir deinen Vater hier finden!«

Als er mich losließ, schluckte ich die Spucke runter, die sich in meinem Mund gesammelt hatte, und sah zu Mutter hinüber – sie war weiß wie ein Laken und klapperte vor Angst mit den Zähnen. Aber in ihren Augen las ich Lob und Anerkennung für mein tapferes Verhalten. Die Gardisten suchten alle Ecken und Winkel der Wohnung ab und auch den Hof. Sie suchten unter den Schränken, aber glücklicherweise fanden sie nicht die Tür zu der versteckten Kammer.

Mutter setzte sich, fast ohnmächtig vor Angst, und meine Schwestern wachten auf und fingen an zu weinen. Die Gardisten fragten auch sie: »Wo ist euer Vater?« Aber da sie das Geheimnis nicht kannten, konnten sie es nicht verraten. Die Suche ging weiter und weiter. Sie schien endlos zu dauern, und als die Gardisten gehen wollten, drohte mir einer von ihnen wütend: »Wenn dein Vater wiederkommt, sagst du ihm, dass er sich sofort zu melden hat. Dann wird er auch nicht bestraft werden. Wenn sich herausstellt, dass du uns nicht gehorcht hast, wird euch das teuer zu stehen kommen!«

Als sie endlich gegangen waren, brachen wir völlig erschöpft zusammen und weinten – teils aus Erleichterung, teils aus Angst vor der Zukunft. Was würde morgen passieren, und übermorgen? Vater hatte alles in seinem Versteck mitgehört, und an jenem Abend erzählte er uns, dass er versucht gewesen war herauszukommen, um uns zu schützen. Er hatte Angst gehabt, dass die Gardisten uns etwas antäten, wenn sie ihn nicht fänden.

Vater versteckte sich lange Zeit in der kleinen Kammer, und nur dem Zufall hatten wir es zu verdanken, dass er nicht geschnappt und nach Polen in ein Konzentrationslager gebracht wurde. Nachdem bereits die jungen Frauen und die meisten Männer der Stadt zur »Arbeit« geschickt worden waren, kamen die übrigen Juden an die Reihe. Wen beabsichtigten sie nun, arbeiten zu lassen? Die Kinder? Die Schwangeren? Oder die Mütter? Vielleicht auch die Alten?

Wenige Wochen nach der Deportation der jungen Männer und Frauen hatte man die Juden aus den Dörfern gezwungen, in die Städte umzuziehen, wo die Gardisten sie leichter zusammentreiben konnten. Jetzt leitete man die Deportation der übrigen Juden ein. Den Frauen wurde erzählt, dass sie nun zu ihren Männern, Söhnen und Töchtern könnten, und viele Menschen freuten sich auf den Transport, waren glücklich über die bevorstehende »Familienzusammenführung«. Das war allzu verständlich: Viele Mütter, die mit ihren Kindern allein geblieben waren, hatten große finanzielle Schwierigkeiten und litten sehr unter der Abwesenheit der Männer. Sie waren verzweifelt und zogen eine Deportation ihrer aktuellen Notlage vor. Andere wiederum bestachen – wie schon zuvor – die zuständigen Beamten und bekamen Papiere, die sie vor der Deportation bewahrten.

Die Geschichte wiederholte sich. Wir hatten nicht genug Geld, um uns freizukaufen. In der Zwischenzeit hatte Vater sein Versteck in der winzigen Kammer verlassen, weil die Transporte der Männer eingestellt worden waren, vor allem aber, weil er bei uns sein wollte, falls wir alle deportiert werden sollten. Wieder einmal bedrückte uns, dass wir nirgendwohin flüchten konnten. Mutter und Vater redeten und stritten nachts stundenlang, versuchten, eine Lösung zu finden, die uns vor der Deportation bewahren würde. Aber was konnten wir tun? Eines war klar: Wir würden nicht alle in die kleine Kammer passen, und selbst wenn, wer würde uns dort versorgen? Wir mussten dringend eine andere Lösung finden.

Die Glocke

Bereits Anfang 1942, noch bevor die Deportation ganzer Familien begann, suchten die Juden nach Fluchtwegen. Einige Leute durchschauten das perfide System und fanden unter großen Mühen eine Lösung, wenn auch manchmal nur für eine gewisse Zeit. Zum Beispiel war es möglich, eine Bleibebewilligung zu kaufen, die aber sehr teuer war und die sich daher nur Reiche leisten konnten. Andere versuchten, über die Grenze nach Ungarn zu fliehen, aber das endete oft in einer Tragödie – die, die geschnappt wurden, erschoss man auf der Stelle. Viele Familien zahlten große Summen an Nichtjuden, die sie versteckten, und das bewahrte einige von ihnen vor der Deportation, wenn auch manchmal nur vorläufig.

Als die Massentransporte einsetzten, trat ein Gesetz in Kraft, das es einigen Juden ermöglichte, eine Freistellung zu erwirken. Unter den glücklichen Leuten, die von diesem Gesetz profitierten, waren Spezialisten für Heilkräuter, Experten für die Anfertigung medizinischer Instrumente und so weiter. Wohlhabende Privatleute konnten sich, wie zuvor, ihre Freiheit noch immer mit viel Geld erkaufen. Den »privilegierten« Juden wurde befohlen, auf ihren Mänteln oder Jacken einen kleinen gelben Davidstern aus Bakelit zu tragen. Er sah aus wie eine Brosche und war mit »UJ« bedruckt. Die Buchstaben standen für »Unentbehrlicher Jude«, und dieses Abzeichen unterschied sie von all den anderen Juden, die jetzt einen großen gelben Stern trugen.

Dank dieser »Brosche« war es unserer Familie erlaubt, weiterhin in der Stadt zu bleiben – für eine kurze Zeit, wie uns die Behörden wissen ließen.

Die Experten mit diesem Abzeichen mussten den Nichtjuden die Grundzüge ihres Berufs beibringen, und zwar schnellstmöglich. Diese »Lehrlinge« waren nicht unbedingt eifrige Schüler; sie wurden für ihre Loyalität gegenüber dem faschistischen Regime belohnt. Die meisten von ihnen stammten nicht aus unserer Stadt, sondern kamen aus entlegenen Dörfern. Man versorgte sie mit Wohnungen (den Wohnungen, aus denen die Juden bereits vertrieben worden waren), und sie wurden zu rechtmäßigen Erben ihrer »Lehrherren« bestimmt.

Auch Vater übte einen Beruf aus, der ihn davor bewahrte, in ein Konzentrationslager geschickt zu werden. Er leitete einen handwerklichen Betrieb, in dem Prothesen hergestellt wurden; diese künstlichen Körperteile wurden nach der genauen Beschreibung des behandelnden Orthopäden angefertigt. Da Vater der Einzige im gesamten Distrikt war, der sich auf die Herstellung dieser Prothesen verstand, besuchte er regelmäßig die Krankenhäuser und arbeitete mit ihnen zusammen. Auch ihm wurde ein christlicher »Lehrling« zugeteilt, der mit seiner Familie aus dem Norden des Landes in die Stadt gekommen und in eine der jetzt leeren Wohnungen unseres Hofes gezogen war – die Wohnung einer jüdischen Familie, die man in den Osten verbracht hatte. Der Christ und seine Familie »erbten« die Wohnung samt Mobiliar. Vater wurde der Angestellte dieses Mannes und sein Lehrherr, obwohl der Neuling keine Ahnung von dem Handwerk hatte, kein besonderes Interesse für diesen Beruf zeigte und auch keine ernsthaften Anstrengungen unternahm, ihn zu erlernen, da sein Hauptinteresse der Politik galt. Er war sehr froh, dass er eine mietfreie Wohnung bekommen hatte. Außerdem war ihm ein ordentliches Gehalt für sehr wenig Arbeit versprochen worden. Vater und sein »Lehrling« einigten sich auf ein monatliches Entgelt, obwohl offensichtlich war, dass der Mann den Beruf nie ausüben würde. Seine Faulheit gefiel

Vater, denn solange der Mann seine »Ausbildung« nicht abgeschlossen hatte, würden wir nicht deportiert werden. So verging die Zeit, und die Behörden verlängerten Vaters Bleibegenehmigung.

Anfang 1942 verbreitete sich das Gerücht, dass viele Juden ihre Kinder nach Ungarn schmuggelten, wo die Juden noch in relativer Freiheit und Sicherheit lebten. Die Schmuggler waren nichtjüdische Bauern aus den Dörfern nahe der Grenze.

Meine Eltern hörten von einer Frau, die ein halbes Jahr lang erfolgreich Menschen über die Grenze gebracht hatte. Nachdem meine Eltern Kontakt mit ihr aufgenommen hatten, besuchte sie uns heimlich, und sie handelten die Modalitäten aus. Sie sollte die Hälfte ihres »Lohns« an dem Tag ausgezahlt bekommen, an dem sie uns mitnahm, und den Rest, wenn sie Mutter und Vater den Brief unserer Verwandten in Ungarn überbrachte, in dem bestätigt wurde, dass wir wohlbehalten angekommen waren. Ich sollte zusammen mit meiner jüngeren Schwester Rachel fortgehen; Miriam, die Jüngste, würde bei Mutter und Vater bleiben. Aber die Kleine fing an zu weinen, war traurig, dass sie dableiben sollte. Sie bettelte darum, mitgehen zu dürfen – als ob wir einen Ausflug machen würden. Nach langem Zögern gaben Mutter und Vater nach und willigten ein. Mutter wurde beauftragt, einen kleinen Rucksack mit Kleidungsstücken zu packen, der für uns drei Mädchen nicht zu schwer sein durfte. Wir würden ihn ein paar Stunden lang tragen müssen, wenn wir zu Fuß über die Grenze gingen.

Mutter bereitete die Reise vor. Sie bestellte für uns bei der Schneiderin wunderhübsche Festtagskleider, kaufte jeder von uns ein neues Paar Schuhe zusätzlich zu denen, die wir tragen würden, und warme Pullover. Alles wurde eingepackt, und wir warteten auf den großen Tag, an dem die Bäuerin zu uns kam. Ich sah sie zum ersten Mal. Sie war groß und robust und trug eine Tracht – bunte bauschige Röcke, die übereinander gezogen wurden. Ihr Haar hatte sie mit einem bunt bestickten Kopftuch bedeckt, und in der Hand hielt sie einen Weidenkorb. Ihre Schuhe waren grob gearbeitet und sehr groß, das Obermaterial war aus Leder und die Sohlen aus Holz.

Wir hätten keine Zeit zu verlieren, sagte die Frau und erklärte hastig ihren Plan. Sie wollte unsere Verpflegung und Kleidung in ihrem Korb tragen, um uns die Reise zu erleichtern. Am Bahnhof würde sie die Fahrkarten kaufen und sie uns dann geben. Wir würden getrennt in den Zug steigen, aber im selben Wagen sitzen, jedoch nicht in ihrer Nähe. Wir dürften nicht mit ihr reden, um keinen Verdacht zu erregen, bis wir ihr Dorf erreicht hätten. Natürlich entfernten wir den gelben Stern – was strengstens verboten war.

Schnell verabschiedeten wir uns, damit wir es uns nicht anders überlegen konnten. Wir kämpften alle mit den Tränen, als wir uns umarmten und wir Kinder den Segen für eine sichere Reise empfingen. Plötzlich ließ Miriam meine Hand los und brach in heftiges Schluchzen aus, sagte, dass sie nicht mitkommen, sondern bei Mutter und Vater bleiben wolle. Niemand versuchte, sie umzustimmen, und meine Eltern waren offensichtlich erleichtert, dass Miriam selbst diese Entscheidung getroffen hatte.

Der Abschied von Mutter und Vater fiel mir unendlich schwer. Eine Verwandte, die bei uns wohnte – ihr Mann war deportiert worden –, ging mit Mutter ins Haus. Mutter wurde hysterisch und fiel fast in Ohnmacht. Sie schrie und beschuldigte Vater, seine Töchter in den sicheren Tod zu schicken. Auf diese Weise mein Zuhause verlassen zu müssen war ein schweres Trauma für mich. Meine Erinnerung daran vermischt sich mit anderen Abschiedsmomenten, die ich in jenen Kriegsjahren erlebt habe. Die Qualen und Ängste, die diese Ereignisse begleiteten, haben sich unauslöschlich in mein Gedächtnis gegraben.

Wir kamen zum Bahnhof. Früher liebte ich es, mit der Eisenbahn zu fahren, in die Ferien oder zu Verwandten oder zu Großmutter nach Ungarn. Aber diesmal erlebte ich die Bahnfahrt anders, bedrohlich. Während wir noch auf dem Bahnsteig standen, blickten uns die Fahrgäste feindselig an. Alle schienen zu wissen, wer wir waren. Und es war wirklich nicht schwer, unsere Identität zu erraten. Die meisten Bewohner der Gegend hatten eine helle Haut, blondes Haar und blaue Augen. Wir hingegen hatten einen dunkleren Teint, braune Augen und schwarzes Haar.

Wir folgten der Frau in einen der Wagons. Meine Schwester umklammerte meine Hand, die feucht war vor Anspannung. »Lass uns nach Hause gehen, ich fürchte mich«, flüsterte sie verängstigt. Ich sagte ihr, dass es jetzt kein Zurück mehr gebe und ich mich um sie kümmern würde, so wie ich es versprochen hatte. Im Zug saßen Bauern in bunten Trachten mit Weidenkörben voller Verpflegung und Sachen, die sie in Michalovce gekauft hatten. Als der Zug anfuhr, nahmen sie das Essen heraus und begannen zu kauen. Wir hatten auch etwas zu essen dabei, hatten aber beide den Appetit verloren.

Als der Schaffner kam, waren wir auf der Hut. Würde er merken, dass wir anders waren? Ich beobachtete ihn aus den Augenwinkeln. Es war ein älterer Mann, etwa im Alter unserer Eltern. Er trug die Uniform und die Stiefel der Eisenbahngesellschaft; über seiner Schulter hing eine Tasche, die mit einem Ledergurt an der Taille befestigt war, und er hatte einen Fahrkartenlocher in der Hand. Als er die Karten der anderen Passagiere, einschließlich unserer Begleiterin, gelocht hatte, wandte er sich uns zu. »Mädchen, fahrt ihr allein?«

Ich antwortete etwas zögernd: »Ja, wir wollen unsere Tante besuchen.«

Er sah sich um, und sein Blick ruhte auf unserer Begleiterin – sie wirkte unruhig. Dann blickte er uns noch einmal forschend an und schüttelte den Kopf, als würde er uns nicht glauben, ehe er in den nächsten Wagen weiterging. Ich bin sicher, er ahnte, dass wir Juden waren. Vielleicht hatte er Kinder in unserem Alter und deshalb Mitleid mit uns. Jedenfalls blieb diese Begegnung ohne Folgen.

Nach einer langsamen Fahrt und Stopps in unzähligen Dörfern kamen wir endlich an unserem Zielort an. Wir drei waren die einzigen Fahrgäste, die an dieser Station ausstiegen, fast der letzten vor der Grenze. Wir machten uns auf den Weg in das Dorf, das einige Kilometer vom Bahnhof entfernt lag. Von weitem sahen die Häuser klein und schäbig aus, und nur der Kirchturm fiel auf, wegen seiner Höhe und Eleganz. Der Weg führte durch endlose Getreidefelder, grüne Weizensprösslinge bedeckten die weite Ebene. Die Bäume waren noch kahl, aber man konnte schon die Knospen an den Zweigen erkennen.

Der Himmel war grau und dunkel und passte zu unserer Stimmung. Die Frau sagte kaum ein Wort und stellte keine Fragen. Auch gab sie sich keine Mühe, uns ein wenig aufzuheitern. Sie war wirklich gefühllos und kaltherzig.

Langsam wurde es dunkel, die Sonne war schon untergegangen, und ich nahm an, dass wir unser Ziel nun sehr bald erreichen würden. Plötzlich blieb die Frau stehen und sagte: »Im Dorf sind noch Leute auf der Straße. Es ist zu gefährlich, euch mit zu mir nach Hause zu nehmen, solange es draußen noch hell ist und sie uns sehen könnten. Seht ihr die Kirche dort? Sie ist nicht weit weg. Da gehen wir hin, und ihr werdet dort auf mich warten, bis es dunkel ist. Dann werde ich kommen und euch mit zu mir nehmen.«

»Und wann werden wir über die Grenze gehen?«, wollte ich wissen.

Sie sagte, wenn möglich, noch in dieser Nacht.

Als wir zur Kirche kamen, hatte ich ein sehr ungutes Gefühl. Das war nicht Teil der Abmachung gewesen, die meine Eltern in unserer Gegenwart mit der Frau getroffen hatten.

Ich war sehr aufgebracht darüber, dass sie uns allein lassen wollte, uns regelrecht verlassen würde – zwei verängstigte Mädchen an einem unbekannten Ort, in der Dunkelheit. Das hohe, elegante Bauwerk sah plötzlich sehr abweisend aus, sogar bedrohlich. Ein Großteil meines Unbehagens rührte aus der tief verwurzelten Ablehnung alles Christlichen, die man mir seit frühster Kindheit eingeimpft hatte.

Es stellte sich heraus, dass der Haupteingang abgeschlossen war. Wir gingen um das Gebäude herum, bis wir an einen kleinen Seiteneingang kamen, der offen war. Wir traten in einen dunklen Raum, von wo aus eine steile Treppe in den Kirchturm führte, zur Spitze mit der Glocke. Die Frau befahl uns, ihr zu folgen, und wir kletterten die steilen Stufen hinauf. Wir klammerten uns an das Geländer, um nicht zu fallen. Das wenige Licht, das durch die Öffnung im Turm fiel, erhellte die Wendeltreppe nur schwach. Wir stiegen endlos lange hinauf, bis wir oben waren. Unter dem Dach hing eine riesige eiserne Glocke, die fast den ganzen viereckigen Raum einnahm, und darunter stand eine Bank.

»Setzt euch hin und wartet, bis ich euch hole«, sagte die Frau barsch.

Meine Schwester Rachel klammerte sich an mich. Sie zitterte, und ihre Augen waren vor Angst riesengroß. Ich zitterte auch am ganzen Körper bei dem Gedanken, dass wir hier allein bleiben sollten, an einem Ort, den jeder Jude verabscheute, einer Quelle von Feindschaft und Hass.

Weinend bat ich die Frau: »Bitte, lassen Sie uns hier nicht allein! Gehen Sie nicht weg! Bleiben Sie bei uns, bis es dunkel ist.«

Aber sie erklärte, dass sie nach Hause gehen müsse, um die Vorbereitungen für die Reise zu treffen und um sich zu vergewissern, dass nichts schief gegangen sei. Sie nahm die Päckchen mit, bis auf den Proviant, und befahl uns, still sitzen zu bleiben und zu essen. Sie werde bald zurück sein, und wir sollten keine Angst haben. Dann drehte sie sich um und verschwand, ohne uns noch eines Blickes zu würdigen.

Stille senkte sich herab, eine Stille, die so intensiv war, dass sie in den Ohren wehtat. Ein abgestandener Geruch lag in der Luft. Wir saßen aneinander geschmiegt da, wie zwei verängstigte Kaninchen, und grauenerregende Gedanken schwirrten in unseren Köpfen herum. Immer wieder sah ich verängstigt hoch, zu der großen schweren Glocke, die über uns hing.

Während wir uns gegenseitig trösteten, hörten wir plötzlich, dass unten die Tür aufging und jemand hastig die Treppe heraufkam. Dem Himmel sei Dank: Die Frau war zurückgekehrt, dachten wir. Aber einen Moment später sahen wir mit Entsetzen, dass die Glocke über unseren Köpfen anfing, hin und her zu schwingen – jemand zog an dem Seil, das an ihr befestigt war. Der Klöppel schlug an die Innenseiten, mit einem scharfen metallischen Klang, das Seil tanzte vor unseren Augen, und wir beobachteten es wie hypnotisiert. Wir hielten uns die Ohren zu. Nach einer Weile schwang die Glocke langsamer und stand schließlich still. Die plötzliche Stille ängstigte uns, wir waren auf der Hut. Was würde nun passieren? Würde derjenige, der an dem Seil gezogen hatte, nach oben kommen? Erst als wir Schritte vernahmen, die sich entfernten, und dann hörten, wie eine Tür ins Schloss fiel, waren wir beruhigt.

Ich stieß einen Seufzer der Erleichterung aus, aber meine Schwester fing zu weinen an und sagte mit brüchiger Stimme: »Sieh dir die Glocke an, sie wird uns bald auf den Kopf fallen. Lass uns nach unten gehen.«

Als große Schwester versuchte ich, sie zu beruhigen, aber ich hatte dieselben Gedanken gehabt und genauso große Angst wie sie. Ich versuchte, sie dazu zu bringen, still zu sitzen und etwas zu essen. Aber sie weinte weiter, leise und traurig, und schmiegte sich in meine Arme. Ich hatte einen dicken Kloß im Hals, aber in meiner Rolle als große, verantwortungsbewusste Schwester gelang es mir, die Tränen zurückzuhalten. Plötzlich hatte ich Angst, dass die Frau uns für immer in dem Kirchturm sitzen lassen würde. Wilde, schreckliche Fantasien gingen mir durch den Kopf – wir würden ermordet und niemals gefunden werden. Schließlich könnte unter diesen Umständen niemand etwas beweisen oder die Frau zur Rechenschaft ziehen. Wie grausam von ihr, uns eine solche Furcht einzujagen. Hatte sie keinen Gott?

Ich weiß nicht, wie lange wir dort saßen und zitterten – es kam uns vor wie eine Ewigkeit. Endlich aber hörten wir, dass die Tür unten wieder geöffnet wurde und jemand nach oben kam. Wir waren so angespannt, dass wir nicht einmal zu atmen wagten. Was, wenn es ein Fremder war?! Rachel muss gedacht haben, wir befänden uns in einem Märchen, denn sie schrie: »Hör doch, die Hexe kommt die Treppe hoch und holt uns! Was wird mit uns geschehen?« Und sie vergrub den Kopf an meiner Brust.

Aber wie sich herausstellte, war es die Bäuerin. Kaum hatten wir sie erkannt, hörten wir auf zu zittern. Sie sah uns an, als wollte sie sagen: Seht ihr, ich bin wieder da, kein Grund zu weinen! Wir waren erleichtert. Aber sie kam mit schlechten Nachrichten. Die Leute im Dorf würden schlecht über sie reden, sagte sie, und verdächtigten sie, etwas mit den Schmugglern zu tun zu haben. Deshalb könne sie uns in dieser Nacht auf keinen Fall mit zu sich nach Hause nehmen, und natürlich komme es jetzt auch nicht mehr in Frage, uns über die Grenze zu bringen.

»Aber was passiert jetzt? Was wird aus uns?«, fragte ich schüchtern.

»Im Dorf wohnt eine jüdische Familie«, sagte die Frau. »Ich bringe euch hin, und morgen früh fahrt ihr zurück in die Stadt, zu euren Eltern.«

»Wie kommen wir zurück? Kommen Sie mit?« Aber als ich die Wut im Gesicht der Frau sah, wusste ich, dass sie nicht die

Absicht hatte, uns zu begleiten, und dass wir auf uns selbst gestellt waren und uns allein auf den Weg machen sollten.

Inzwischen war es völlig dunkel geworden, die Nacht hatte sich über das Dorf gesenkt und schien bis in unsere Seelen zu dringen. Wieder auf der Straße, nach dem Abstieg über die Wendeltreppe, konnten wir die Häuser nicht mehr erkennen, nur schwache Lichter aus weit entfernten Fenstern. Schweigend folgten wir der Frau, die nach wie vor keinerlei Anstrengung unternahm, unsere Ängste zu zerstreuen. Sie ging schnell, und wir hatten Mühe, mit ihr Schritt zu halten – wir hielten uns an den Händen und mussten fast hinter ihr her rennen. Immer wieder drehte sie sich um und drängte uns, schneller zu gehen.

Die Hunde fingen wütend zu bellen an, was uns noch nervöser machte. Wir gingen etwa fünfzehn Minuten, aber es kam uns viel länger vor. Endlich kamen wir zu den ersten Häusern, und die Frau klopfte an ein Tor. Ein Mann mit einer Petroleumlampe in der Hand öffnete uns. Ich konnte erkennen, dass er jung war. Seine Kleidung war aus grobem Tuch, und er hatte eine besonders große Jarmulke auf dem Kopf. Er wusste über uns Bescheid, weil die Frau zuvor bei ihm gewesen war; denn selbst eine einfache christliche Frau wie sie wusste, dass Juden verpflichtet sind, einander in der Not zu helfen.

Der Mann bat uns herein. Das Haus bestand aus einem einzigen großen Raum mit einer niedrigen Holzdecke. Die Betten standen an der Wand, und in der Mitte des Raums befand sich ein einfacher Holztisch mit klobigen Stühlen. Es gab einen Küchenbereich mit zwei großen Herdplatten und einem Abzugsrohr, das mit dem Schornstein verbunden war.

Der Mann sah uns mit unverhohlener Neugier an und lächelte dann, als ob er uns sagen wollte, dass wir ihm vertrauen könnten. Er stellte sich und seine junge Frau vor, betonte, dass sie Juden seien – so dass klar war, dass wir nichts zu befürchten hatten. Als sie von der Bauersfrau erfahren hatten, dass wir in Schwierigkeiten waren, hatten sie sich spontan bereit erklärt, uns bei sich aufzunehmen. Ich sah mich abermals um, und in einer Ecke des Zimmers entdeckte ich eine Wiege. Darin lag ein Säugling, der plötzlich zu schreien anfing. Wir waren alle etwas verlegen. Schließlich versuchte die Frau, uns zu trösten, sie streichelte uns die Köpfe und bot uns Brot mit Butter und Käse und etwas Milch an. Als die Bäuerin sah, dass die Juden uns unter ihre Fittiche genommen hatten und sie uns loswerden konnte, schickte sie sich zum Gehen an. Als sie zur Tür ging, fragte ich sie, warum sie unsere Päckchen mit den neuen Kleidern nicht mitgebracht habe. Sie antwortete, dass sie uns auf dem Weg hierher nicht zusätzlich habe belasten wollen. Sie würde die Päckchen unseren Eltern bei der nächstbesten Gelegenheit zurückgeben.

Nachdem die Bäuerin gegangen war, hatten wir eine seltsame Unterhaltung mit dem jungen Paar. Sie verstanden nicht, warum wir in ihr Dorf gekommen waren, so weit weg von unserem Zuhause, ohne unsere Eltern. Warum hatte man uns fortgeschickt, und warum wollten unsere Eltern, dass wir illegal über die Grenze nach Ungarn gingen? Ich war sehr erstaunt über ihre Fragen – unsere Eltern waren ja um uns besorgt und wollten uns davor bewahren, deportiert zu werden.

Wir merkten bald, dass unsere jungen Gastgeber in einer Art Luftblase lebten und nichts von dem Unheil wussten, das die Juden in weiten Teilen Europas und auch in der Slowakei heimsuchte. Sie hatten Gerüchte gehört über verschiedene Vorschriften und Verbote – etwa dass Juden gezwungen seien, einen gelben Stern zu tragen – und über die Mobilisierung junger Männer und Frauen, die angeblich zur Unterstützung der Armee oder zur Arbeit herangezogen wurden. Aber sie hatten keine genaue Vorstellung von den gegen die Juden gerichteten Maßnahmen der slowakischen Regierung. Sie hatten nichts von den Deportationen in den benachbarten Distrikten gehört. Als ich ihnen erzählte, dass man inzwischen ganze Familien abhole, mit dem Versprechen, sie mit der ersten Gruppe der Deportierten zusammenzuführen, weigerten sie sich, das zu glauben. Es gab weder Telefon noch Radio in diesem abgelegenen Dorf, und sie hatten keinerlei Kenntnis von dem, was in der Welt vor sich ging.

Die Frau starrte uns ungläubig an, so als hätten wir uns diese schreckliche Geschichte nur ausgedacht, und sagte: »Ich glaube nicht, dass man uns aus unserem Haus vertreibt und uns mit dem Baby an einen unbekannten Ort schickt. Das kann einfach nicht sein! Die Dorfbewohner sind gute Nachbarn, und sie werden nicht zulassen, dass uns etwas Derartiges widerfährt. Wir sind hier geboren, das ist unsere Heimat!«

Wie naiv sie war. Es gab in der ganzen Slowakei kein Dorf, in dem die Christen ein einziges Mal aufgeschrien oder Widerstand gegen das brutale Vorgehen der Gardisten geleistet hätten; nur sehr wenige Slowaken halfen verfolgten Juden.

Die beiden versuchten, uns zu trösten. Sie drängten uns, zu essen und zu trinken, überließen uns ihr Bett und deckten uns zu. Ihre Ruhe und Warmherzigkeit taten uns unglaublich gut, und ich habe sie nie vergessen. Wir waren so müde, dass wir nicht einmal die Kleider ablegten. Wir zogen die Schuhe aus und schliefen fast sofort ein, hielten uns umarmt und fühlten uns besser, getragen von der Hoffnung, dass wir am nächsten Tag wieder nach Hause zurückkehren würden.

Frühmorgens, es war noch dunkel, weckte uns die junge Frau. Sie packte uns Verpflegung für die Reise ein, und ihr Mann gab uns Geld für die Fahrkarten. Wir selbst hatten kein Geld. Ehe wir gingen, schärfte uns der Mann ein, wie wir uns am Bahnhof verhalten sollten. Er sagte, er würde uns fast bis zum Bahnhof bringen und sich dann verabschieden. Wir sollten auf den Zug warten, der bald kommen würde, in einen Wagen einsteigen, uns hinsetzen und die Fahrkarten beim

Schaffner lösen. Wir sollten genau aufpassen und hinhören, wenn der Name unserer Stadt aufgerufen werden würde, und wenn der Zug hielt, sofort aussteigen. Der Mann sagte, es sei besser, wenn er nicht bei uns bleibe, da es dann für uns leichter sei, uns nicht als Juden zu erkennen zu geben. Rachel und ich verabschiedeten uns mit gemischten Gefühlen. Wir hatten Angst, allein zu fahren, aber wir waren glücklich, nach Hause zurückzukehren.

Kurz darauf standen wir auf dem schmalen Bahnsteig des kleinen verlassenen Bahnhofs und warteten. Als der Zug kam, stiegen wir in einen Wagen, der fast leer war, und setzten uns ans Fenster. Wieder hatte ich Angst. Was würde passieren, wenn sie merkten, dass wir Juden waren? Würden wir wohlbehalten zu Hause ankommen, ohne von der Polizei verhaftet zu werden? Es war das erste Mal in meinem Leben, dass ich allein reiste, und hier saß ich nun, hatte nicht einmal eine Reisegenehmigung, aber stattdessen eine kleine Schwester an meiner Seite, die den Tränen nahe war und vor Angst schlotterte. Aber wir hatten keine Schwierigkeiten beim Kauf der Fahrkarten, und das gleichförmige Schwanken des Zuges beruhigte uns und machte uns sogar schläfrig.

Während der ganzen Fahrt befürchtete ich, einzuschlafen und den Namen unserer Station zu verpassen. Rachel lehnte sich an mich, weinte leise, bis sie einschlief. Ich gab mir größte Mühe, wach zu bleiben, kniff mich sogar hin und wieder in die Wangen oder in den Arm (wie uns scherzhaft zu Hause geraten wurde, wenn wir schläfrig oder träge waren).

Endlich sah ich ein großes Schild mit dem Namen unserer Stadt. Der Zug verlangsamte seine Fahrt, hielt an, und wir stiegen schnell aus. Es mussten einige Stunden vergangen sein, denn es war fast zwölf Uhr mittags. Die Sonne strahlte, und es war angenehm warm, als wir losgingen. Wir mussten weit laufen, denn der Bahnhof befand sich am Stadtrand. Dann fingen wir an, so schnell wir konnten, in Richtung

Stadtmitte zu rennen, und bald erreichten wir unser Haus. Wir öffneten die Haustür und standen binnen Sekunden vor unserer Wohnung.

Noch heute, sechzig Jahre später, kann ich diese Szene bis ins kleinste Detail beschreiben. Es war Freitag. Die jüdischen Hausfrauen backten *challot* (Hefebrote) für Schabbat. Auch Mutter backte jede Woche eine *challah*. Aber als wir in die Küche kamen, bot sich uns ein seltsames Bild. Meine Tante – deren Mann mit einem der ersten Transporte deportiert worden war –, eine große, resolute Frau, knetete in einer Holzschüssel den Hefeteig für die *challah*. Neben ihr standen zwei Wiegen, in jeder lag ein Säugling. Ihr ältester Sohn stand neben ihr und hielt sich an ihrer Schürze fest.

Mutter saß neben dem Herd und starrte ins Leere. Als sie uns sah, stieß sie einen kurzen Schrei aus, schlug die Hände zusammen und rief: »Träume ich? Bin ich verrückt geworden? Wie sind sie hierher gekommen und was machen sie hier?« Selbst als wir sie fest drückten, konnte sie es nicht fassen. Dann kam Vater herein, und wir umarmten einander und weinten vor Freude und Trauer. Mutter und Vater sagten, dass es offensichtlich so sein sollte, dass der Himmel es so gefügt habe. Kurz: »Es ist für alle das Beste!«

Schluchzend erzählten wir unser Abenteuer. Wir berichteten, dass die Frau herzlos und kalt gewesen sei und sogar unsere Kleider gestohlen und das Geld behalten habe, das sie als Anzahlung bekommen hatte. Aber Mutter und Vater trösteten uns. Sie sagten: »Das macht nichts. Wichtig ist, dass ihr hier seid, gesund und munter, und dass euch nichts passiert ist.«

Plötzlich wurde ich von einer seltsamen Vorahnung erfüllt; ich begriff, dass das Haus, in das wir zurückgekehrt waren, kein sicherer Hafen mehr war.

Das Versteck auf dem Dachboden

Damals, als kaum jemand in unserer Stadt ein Radio oder ein Telefon hatte, gaben die Behörden die Verordnungen durch einen Trommler bekannt, der uns mit einem Trommelwirbel ankündigte, dass er etwas Wichtiges mitzuteilen hatte. Dann mussten sich die Menschen an einem bestimmten Ort einfinden, um sich die Bekanntmachung anzuhören. Der Ausrufer entrollte ein Schriftstück und las die neuen Verordnungen vor. Es nutzte nichts zu behaupten, dass man eine bestimmte Vorschrift nicht habe befolgen können, weil man sie nicht gekannt habe; eine vom Ausrufer verkündete Vorschrift war für alle verbindlich, so als hätte man sie persönlich in die Hand gedrückt bekommen.

An einem Frühlingstag im Jahre 1942 rief uns der Trommelwirbel zum Rathausplatz. Zitternd erfuhren wir das, was wir schon ahnten: Die Umsiedlung in den Osten würde in zwei Wochen beginnen. Alle Juden hätten sich darauf vorzubereiten, einschließlich der Familien mit kleinen Kindern, und sogar Kranke, Behinderte und Alte. Jeder habe Wasser und Verpflegung für drei Tage mitzunehmen und das Nötigste an Kleidung. Es gab eine Obergrenze für das Gewicht von Koffern, Taschen und Rucksäcken.

Sofort gerieten die anwesenden Juden in helle Aufregung. Um sie zu beruhigen, wurde ihnen zugesichert, dass nach ihrem Weggang die Schlösser ihrer Wohnungen zum Schutz vor Einbrüchen mit Wachs versiegelt und die Häuser bewacht würden, bis sie nach dem Krieg wiederkämen. Jeder, der die Wohnungen ohne Erlaubnis betrat, sollte schwer bestraft werden. Die Umsiedlung sei vorübergehend, wurde uns gesagt, und solle die Familien wieder zusammenführen, deren Männer zur Verstärkung der Armee weggeschickt worden waren. Auch die Frauen seien in der Lage, die Kriegsanstrengungen zu unterstützen.

Die meisten Familien waren einverstanden: Die Frauen und Kinder hofften, ihre Angehörigen wiederzusehen. Die Naivität und das Vertrauen in die Versprechen der Behörden waren der Tatsache geschuldet, dass die meisten jüdischen Familien niemanden mehr hatten, der für sie sorgte. Das Bedürfnis, zu ihren Lieben zu kommen, ließ sie die Zweifel an der Glaubwürdigkeit der Behörden ignorieren. Dennoch waren manche Juden misstrauisch und beschlossen, sich nicht, wie befohlen, zu melden, sondern abzuwarten.

Die Deportationen ganzer Familien begannen am Dienstag, dem 5. Mai 1942. Am Vortag trafen Busse mit Einheiten der Hlinka-Garde ein. Diese brutalen Männer mit ihren schwarzen Uniformen und glänzenden Schaftstiefeln wurden aus dem Westen des Landes geholt – vielleicht weil die slowakische Regierung befürchtete, dass die örtlichen Beamten ein weiches Herz und Mitleid mit ihren jüdischen Mitbürgern, von denen sie viele persönlich kannten, haben könnten. Die Soldaten schwärmten in die Stadt aus, versperrten die Ausgänge und begannen in der Nacht, die Familien aus ihren Häusern zu holen. Gemeinsam mit der örtlichen Polizei trieben sie die Juden in Schulen zusammen und marschierten anschließend mit ihnen zum Bahnhof. Dort pferchten sie sie in Viehwagons, und die Züge fuhren sofort ab.

Panik ergriff die Gemeinde. Auch in unserem Hof machten geflüsterte, bruchstückhafte Berichte über die Deportationen, die in der Nacht begonnen hatten, die Runde. Vater wagte sich nicht mehr aus dem Haus, aber er und Mutter dachten, dass ein kleines Mädchen sich auf die Straße trauen könnte, ohne Verdacht zu erregen. Deshalb schickten sie meine Schwester Rachel zu Onkel und Tante, die nur ein paar

Straßen weiter wohnten. Sie sollte nach ihnen sehen und sie nach ihren Plänen befragen.

Rachel kam bald verängstigt zurück. Sie sagte, dass sie die Wohnung versiegelt vorgefunden habe. Aus dieser Straße hatte man die Juden bereits abgeholt, darunter meinen Onkel und seine Familie.

Die Massendeportationen, bei denen die jüdischen Einwohner aus jedem Haus und jedem Versteck geholt wurden, hielten drei Tage und drei Nächte an. Doch selbst in dieser schrecklichen Zeit erhielten Leute mit Geld und guten Beziehungen noch besondere Genehmigungen, die es ihnen ermöglichten zu bleiben.

Die Soldaten waren bösartig. Sie verschonten weder die Alten noch die ganz Jungen und benahmen sich wie wilde Tiere. Einige Juden mussten drei Tage in den Schulen ausharren, bis man sie in Güterwagons pferchte und in die Gegend von Lublin in Ostpolen verbrachte. Nicht lange danach erreichten uns Postkarten von ihnen, die eindeutige Hinweise auf Tötungen und Hungertod enthielten.

Wir verbrachten diese entsetzlichen Tage verängstigt auf dem Dachboden, auf den wir geflohen waren, als wir die Schreie auf der Straße hörten. Dann bekam Vater noch einmal einen Ausweis, der ihm bescheinigte, dass er ein für die Wirtschaft des Landes »unentbehrlicher Jude« sei, so dass wir unser Versteck wieder verlassen konnten.

Trotz der Deportationen besuchten wir Kinder weiterhin die jüdische Schule. Nur dort konnten wir für ein paar Stunden die Anspannung und die Angst vergessen und uns der Illusion hingeben, alles sei normal. Aber jeden Morgen kamen weniger Schüler zum Unterricht. Ich ging jeden Tag mit meiner guten Freundin Yehudit zur Schule, die im Nachbarhof wohnte. Wir waren zusammen aufgewachsen, und ich bewunderte ihre Schönheit und Selbstsicherheit. Sie war mindestens einen Kopf größer als ich, ein hübsches schlankes

Mädchen mit dicken Zöpfen, die ihr bis zur Taille reichten. Wenn wir die Hauptstraße überquerten, beide mit dem gelben Stern am Ärmel, klammerte ich mich an sie, um Kraft und das Gefühl von Sicherheit von ihr zu borgen. Aber jetzt schien sogar sie etwas von ihrem Stolz verloren zu haben und weniger stark zu sein. Yehudit kam aus einer der reichsten Familien der Stadt. Ihr Vater hatte gute Beziehungen zu den Stadtältesten, und ihre Familie war bisher in der Lage gewesen, sich freizukaufen.

Auf dem Schulweg versuchten wir zu raten, welche Kinder an diesem Tag wohl fehlen und wie viele von uns am Ende der Woche noch übrig sein würden. Weil die Zahl der Schüler stetig abnahm, fasste man vier Klassen zu einer zusammen. Waren es früher 140 Schüler in den fünften Klassen gewesen, so waren es jetzt nur etwa fünfzehn, und so wurden wir mit den vierten und sechsten Klassen zusammengelegt. Wir lernten in drei Schwierigkeitsstufen. Einige unserer Lehrer waren entlassen oder deportiert worden, und die wenigen, die noch da waren, versuchten, uns die Situation vergessen zu lassen und uns so gut sie konnten zu unterrichten. Ein Thema, auf das sie sich konzentrierten, war der Zionismus. Wir sangen hebräische Lieder, die wir schon aus der zionistischen Jugendbewegung kannten, wir hörten Geschichten aus der Bibel und jüdische Legenden, und lernten, wie man den *sidur* liest, das Gebetsbuch. Wir erfuhren von den Unabhängigkeitskämpfen, die der *jischuw* – die jüdische Gemeinde in Palästina – gegen die Briten führte.

Kaum ein Tag verging, ohne dass nicht wieder ein Junge oder ein Mädchen aus unserer Klasse verschwunden war. Um Panik zu vermeiden, stellten wir weder Fragen, noch sprachen wir über die Situation außerhalb der Schule. Aber jeden Tag dachte ich, dass ich am nächsten Morgen vielleicht auch verschwunden sein würde. Wir wussten, dass einige der fehlen-

Purimfest in der jüdischen Schule von Michalovce, 1940

den Kinder deportiert worden waren, andere waren untergetaucht oder über die Grenze geflohen.

Dann kam der Tag, den wir gefürchtet hatten: Uns wurde gesagt, dass Vaters Status als »unentbehrlicher Jude« abgelaufen sei und dass wir uns darauf gefasst machen sollten, in ein Lager gebracht zu werden. Vater aber ergab sich nicht und suchte nach einem Ausweg. Unser Versteck auf dem Dachboden schien ihm eine vernünftige Lösung zu sein; schließlich war es wenige Monate zuvor sicher gewesen. Wir beschlossen also, uns auf dem Dachboden zu verstecken, auf dem wir und die wenigen noch verbliebenen jüdischen Nachbarn im Winter und an Regentagen die Wäsche zum Trocknen aufhängten, und wählten einen Bereich, der noch nicht als Versteck benutzt worden war: Dieser Bereich, im hintersten Teil des Dachbodens, war von einem großen Lagerraum aus zu erreichen, in dem die Mieter Holz als Brennmaterial für die kalten Wintermonate aufbewahrten. Er war durch eine Steinmauer vom übrigen Dachboden abgeteilt, und es gab dort ein

Nebengelass ohne Durchgangsmöglichkeit, das nur als Lagerraum benutzt wurde. Von dort aus konnte man direkt unter den Dachfirst gelangen, durch eine Öffnung, die für gewöhnlich mit Brettern verschlossen war, die in die Dachsparren eingepasst worden waren. Wer diese Luke nicht kannte, würde sie niemals finden. Wenn am Dach zerbrochene Ziegel ausgetauscht oder andere Schäden repariert werden mussten, stellte man eine Leiter unter die Öffnung, die Holzbalken bewegten sich und gaben den Zugang zum Dachfirst frei.

Eines Nachts stiegen wir die Leiter zum Dach hoch und versteckten uns dort zusammen mit drei anderen Familien. Das alles geschah wortlos und sehr vorsichtig, nur im Licht einer Taschenlampe, und draußen hielt jemand Wache. Unsere fünfköpfige Familie war die größte. Es gab noch eine Familie mit einem Jungen von etwa vierzehn Jahren, ein junges Paar, das gerade geheiratet hatte, und noch eine weitere Familie, die am nächsten Tag zu uns stieß. Wir planten, zwei oder drei Tage dort zu bleiben, bis die Menschenjagd vorüber war.

Wir legten uns auf Strohmatratzen, die wir zuvor dort hingebracht hatten, und versuchten zu schlafen. Wir lagen in einer Reihe, Seite an Seite. Ich hörte die Seufzer und die schweren Atemzüge der anderen, und das Getrippel von Mäusen, die über den Boden huschten. Aber wir Kinder schliefen fast sofort ein. Am nächsten Tag sagte man uns, wir müssten leise sein, und so flüsterten wir. Die Männer beteten, die Frauen unterhielten sich leise, und wir Kinder versuchten zu verstehen, was sie sagten. Hin und wieder stellten wir uns auf die Zehenspitzen und spähten durch die Dachritzen in unseren Hof.

Plötzlich sahen wir Polizisten in den Hof eindringen. Sie gingen von Tür zu Tür und versiegelten die Schlösser anschließend mit Wachs – die Wohnungen waren jetzt frei und Eigentum der Stadt. Einige Familien unserer Hofgemeinschaft waren in ihren Wohnungen geblieben und wurden nun deportiert. Die Familie des Vermieters, der ein Lösegeld zahlte und die Erlaubnis erhielt, in seiner Wohnung zu bleiben, blieb zusammen mit ein paar anderen privilegierten Familien im Hof wohnen.

Wir informierten die Vorsitzenden der Gemeinde über unser Versteck, und sie organisierten »Boten«, die uns nach Einbruch der Dunkelheit Verpflegung brachten. Diese Mission wurde meistens Jugendlichen anvertraut, einige von ihnen waren Mitschüler von mir.

Es war unmöglich, sich zu waschen oder die Kleidung zu wechseln. Wir erleichterten uns über Eimern, und jeder drehte den Kopf weg, bis die betreffende Person signalisierte, dass sie fertig war. Natürlich sahen wir Kinder hin und wieder heimlich hin.

Manchmal stank es fürchterlich, weil wir die Eimer nur leeren konnten, wenn die »Boten« uns unser Essen brachten, und die Eimer wurden ungespült und immer noch stinkend zurückgebracht. Nach den ersten paar Tagen wurden wir unruhig, und wir verzweifelten beinahe am endlosen Warten.

Man konnte nur in der Mitte des Raums aufrecht stehen, wo die beiden Schrägen sich im spitzen Winkel trafen. Deshalb verbrachten wir die meiste Zeit im Sitzen, oder wir lagen auf den Strohmatratzen. Wir erzählten uns Geschichten, wir erfanden Spiele, wir alberten herum und spielten Streiche. Wir kugelten uns vor Lachen über all die Geräusche, die der ältere Junge nachahmen konnte. Unsere Eltern schätzten diese Art von »Unterhaltung« nicht und schimpften.

So vergingen vier Tage, einer davon war der »schwarze Schabbat«. Wir nannten ihn später so wegen eines traurigen Ereignisses an ebendiesem Tag. Am Sonntag, dem Tag nach Schabbat, erhielten wir eine umfangreiche Lieferung von Nahrungsmitteln, darunter viel Gebäck. Das Essen war für die *barmizwah* eines Jungen aus unserem Hof zubereitet worden, dessen Familie die Erlaubnis hatte, dort wohnen zu bleiben. Doch am Schabbat, an dem er aus der Thora vorlesen und danach das Festessen stattfinden sollte, wurde der Familie die Aufenthaltsbewilligung kurzfristig entzogen, und sie musste sich sofort zum Transport melden. Deshalb wurden die *barmizwah* und die Feier abgesagt, und wir bekamen die Köstlichkeiten.

Wir Kinder waren natürlich entzückt und hielten uns nicht lange damit auf, darüber nachzudenken, wie traurig der Grund für diesen unerwarteten Überfluss war. Die Erwachsenen weinten und trauerten wegen der Tragödie, der wir das Festmahl zu verdanken hatten, und wollten zunächst keinen Bissen anrühren. Schließlich, als sie den Hunger nicht mehr aushielten, aßen sie doch etwas, hatten aber ein schlechtes Gewissen.

Am Tag vor *tischa be-aw*, dem Fastentag am neunten Tag des hebräischen Monats Aw (der im Jahr 1942 auf den 23. Juli fiel), an dem wir der Zerstörung des ersten und zweiten Tempels gedenken, erklärte mein Vater, er habe nun genug davon, sich auf dem Dachboden zu verstecken, der uns alle deprimierte. Er schlug vor, heimlich in unsere Wohnung zu schleichen, eine Nacht wie Menschen zu schlafen und am nächsten Morgen auf den Dachboden zurückzukehren. Mutter war zunächst dagegen, willigte aber nach einem heftigen Streit schließlich ein. Nacheinander kletterten wir die Leiter hinunter, und als wir alle im Lagerraum angekommen waren, wurde sie wieder hochgezogen und die Öffnung verschlossen.

Die Sonne war zwar untergegangen, aber es war noch nicht ganz dunkel. Wir brachten allerdings nicht die Geduld auf, noch länger zu warten. Mucksmäuschenstill schlichen wir uns fast auf allen vieren zu unserer Wohnung. Wir rührten das Siegel nicht an, stattdessen stiegen wir durch das Fenster. Ich erinnere mich deutlich, wie glücklich und sicher ich mich fühlte, als wir die Wohnung betraten. Sie war genauso, wie wir sie verlassen hatten: Es lagen zwar überall Sachen herum, doch es war ein wunderbares Gefühl, wieder da zu sein. Jetzt konnten wir in unseren eigenen Betten schlafen. Wir dachten auch, dass wir endlich baden dürften, aber Mutter und Vater meinten, dies sei nicht die Zeit für die normalen Rituale. Wir wurden bei Kerzenlicht zu Bett gebracht und fühlten uns wie im Paradies.

Am nächsten Morgen standen wir auf, als die Sonne schon hoch am Himmel stand, und überlegten die nächsten Schritte. Wir wussten, dass wir nicht sehr lange ohne Verpflegung in der abgeschlossenen und versiegelten Wohnung bleiben konnten. Wir würden gezwungen sein, wieder auf den Dachboden zurückzukehren. Wir nutzten die Gelegenheit, um zu baden und die Wohnung etwas aufzuräumen. Als wir noch überlegten, was wir tun sollten, ging plötzlich jemand am Fenster vorbei. Wir hielten den Atem an. Meine kleinen Schwestern klammerten sich an die Beine meiner Mutter. Ich stand neben der Tür und lauschte. Vater, der extrem kurzsichtig war und eine Brille mit sehr dicken Gläsern trug, hatte die Angewohnheit, wenn er aufgeregt war, einen Finger auf den Steg der Brille zu legen und sie hinunterzudrücken, da er dann besser sehen konnte. Genau das tat er jetzt und spähte aus dem Fenster. Er sah einen Schatten vorbeihuschen und bedeutete uns augenblicklich, still zu sein und uns zu bücken.

Einen Moment später hörten wir ein Klopfen am Fenster, und eine Stimme sagte: »Macht die Tür auf, ich bin's, Menachem.«

Vater zog den Vorhang etwas zurück, und wir sahen meinen Onkel, Vaters jüngsten Bruder. Er war ein gut aussehender Mann um die zwanzig, mit blauen Augen. Eine Locke kräuselte sich über seiner Stirn. Er sah fast überhaupt nicht jüdisch aus, da er einen hellen Trenchcoat anhatte, wie die jungen Christen. Die jüdischen Männer in unserer Stadt trugen für gewöhnlich dunkle Sachen und in der Öffentlichkeit immer einen Hut. Zu unserer Überraschung trug mein Onkel weder einen Hut noch einen gelben Stern.

Mein Vater gab ihm durch Gesten zu verstehen, er solle durch das Fenster steigen, das er für ihn öffnete, denn er wollte das Türsiegel nicht beschädigen.

Menachem kletterte mühelos durch das Fenster und landete mit einem schnellen Sprung im Zimmer. Wir umarmten ihn voller Zuneigung, und nachdem wir uns etwas beruhigt hatten, berichtete er, was mit unseren vielen Verwandten geschehen war. Während wir uns auf dem Dachboden versteckt hatten, waren sämtliche Mitglieder der Familie, bis auf ihn, deportiert worden, auch zwei Onkel mit ihren kleinen Kindern. Die beiden älteren Söhne meines Onkels waren in die Berge, zu den Partisanen, geflohen. Menachem war gekommen, um sich zu verabschieden, ehe er ihnen folgte.

Kaum zehn Minuten waren vergangen – die Erwachsenen unterhielten sich flüsternd, und wir Mädchen lauschten angestrengt –, da hörten wir, wie sich jemand am Türschloss zu schaffen machte. Dann wurde die Tür aufgestoßen, und zwei Polizisten kamen herein.

Wir erstarrten vor Schreck. Ich dachte: Das ist das Ende. Schade, dass wir noch die harte Zeit unter dem Dach durchgemacht haben, wo unser Ende nun doch gekommen ist, und seht, wie dumm wir waren. Es ist unsere eigene Schuld, dass wir erwischt wurden, denn wir hätten den sicheren Unterschlupf nicht verlassen sollen.

Die Männer befahlen uns, etwas Verpflegung und ein paar Kleidungsstücke einzupacken und ihnen dann zu folgen, aber wir hatten kaum etwas zur Hand, weil wir alles auf dem Dachboden gelassen hatten.

Schweigend gingen wir neben unserem Onkel, kamen durch vertraute Straßen, die jetzt völlig verlassen waren. Auf dem Weg stießen andere zu uns, manchmal ganze Familien, die man in ihren Verstecken gefunden hatte und die genauso verängstigt aussahen wie wir.

Vater flüsterte vor sich hin: »Das ist symbolisch! Heute ist *tischa be-aw*, und unsere Zerstörung ist nah. Wohin bringen sie uns? Was wird mit uns geschehen?«

Als ich Vaters Gemurmel hörte, überlief mich ein Schauder. Ich umklammerte die Hand meiner Schwester Rachel. Vater trug die kleine Miriam, und so marschierten wir, und die Polizisten trieben uns zur Eile an. Wir wussten, es gab keinen Weg zurück. Wir würden alle dorthin geschickt werden, wo die anderen bereits waren.

»Das also ist geschehen, Großmama? Du wurdest zu einem Zug gebracht, wie all die anderen, die ich auf den Fotografien gesehen und von denen ich am Schoah-Gedenktag gehört habe? Aber wie wurdest du gerettet?«, fragte Omer mit gedämpfter Stimme. Die Tränen stiegen ihr in Augen.

»Warte nur, unsere Heimsuchung war noch lange nicht beendet«, sagte ich. »Nachdem man uns geschnappt hatte, entwickelten sich die Dinge auf unerwartete Weise. Und im nächsten Kapitel wirst du die Antwort auf deine Frage bekommen.«

Weine ruhig, kleines Mädchen

Andere Juden reihten sich in die Prozession ein. Von zwei bewaffneten Wachen eskortiert, kamen wir zu der Oberschule, die als Sammellager diente. Vor dem Gebäude war ein großer Hof mit einem zentralen Gittertor. Es herrschte eine bedrückende Stille. Wir sahen Frauen, Männer, Kinder, auch Säuglinge und alte Menschen, die in Grüppchen auf dem Hof saßen oder lagen.

Mir fiel etwas Seltsames auf. Einige Leute lagen auf Tragbahren, auf denen der Name eines Krankenhauses zu lesen war. Ich konnte die Augen nicht von diesen Tragbahren abwenden. Mein Herz klopfte schneller, und mich befielen böse Vorahnungen. Was machten diese Menschen hier? Warum hatte man sie hierher gebracht, obwohl sie krank waren? Ich fragte meine Eltern, ob diese Leute auch »arbeiten« geschickt würden. Hatten die Ärzte eingewilligt, dass die Patienten aus dem Krankenhaus geholt wurden? Auf welche Weise sollten sie »zu den Kriegsanstrengungen beitragen«? Etwas Sonderbares ging hier vor! Der Anblick dieser Menschen, von denen einige leise stöhnten, machte mir Angst. Ich zitterte am ganzen Körper. Vater sah mich traurig an, ohne meine Frage zu beantworten. In Mutters Augen sah ich Schmerz und Hilflosigkeit.

Später erfuhren wir, dass man die Kranken und die Alten tatsächlich aus den Krankenhäusern geholt hatte. Auch die psychisch kranken Juden in den geschlossenen Abteilungen wurden mitgenommen. Diese armen Geschöpfe wurden zu den Menschen gesteckt, die man, wie uns, in ihren Verstecken aufgespürt hatte oder deren Aufenthaltsbewilligungen abgelaufen waren. Es war einer der letzten Transporte.

Schockiert saß ich mit meiner Familie neben den anderen und starrte trübsinnig hinüber zu den Krankenhauspatienten. Unser waghalsiger Versuch, dem Schicksal zu entkommen, ist gescheitert, dachte ich.

Uns blieb nichts anderes übrig als zu warten. Wir sprachen kein Wort miteinander. Unsere Köpfe waren leer. Ich wollte nur schlafen und alles um mich herum vergessen.

Dann hörte ich rechts von mir ein leises Gemurmel. Ich drehte den Kopf und sah auf einer Tragbahre ein schönes Mädchen von etwa achtzehn Jahren. Sie starrte ausdruckslos in den Himmel. Ihre Mutter saß neben ihr auf der Erde und hielt ihre Hand. Plötzlich setzte sich das Mädchen auf, schaukelte langsam vor und zurück und murmelte auf Ungarisch: »*Legy boldog.*« (»Sei glücklich.«) Sie wiederholte die Worte immer wieder, manchmal legte sie sich hin, dann setzte sie sich wieder auf.

Ihre Mutter strich ihr zärtlich über das Haar und die Stirn und befeuchtete ihr ab und an die Lippen. Nach ein paar Minuten hörte das Mädchen mit dem Schaukeln auf, legte sich ruhig hin und starrte ins Leere. Dann wiederholte sich das Ganze, wie ein rituelles Gebet. Ich beobachtete sie wie hypnotisiert und wartete, dass sie die Worte wiederholte. Ich konnte meine Augen nicht von ihrem schönen, aber beängstigenden Gesicht abwenden. Neben mir wurde geflüstert, dass das Mädchen den Verstand verloren habe, weil es den Schmerz nicht habe ertragen können, von ihren Schwestern und ihren Freundinnen getrennt zu werden, die schon vor längerer Zeit deportiert worden waren.

Ich bekam keine Luft, mir wurde übel. Mein Magen krampfte sich zusammen, und ein stechender Schmerz durchbohrte meinen Unterleib. Der Schmerz kam in Wellen. Zuerst stöhnte ich leise, aber als der Schmerz stärker wurde, begann ich laut zu jammern und zu stöhnen, ungeniert, als existierten all die Anstandsregeln nicht mehr, die man mir beigebracht hatte.

Mutter saß wie gelähmt neben mir und rang hilflos die Hände, wusste nicht, was sie tun sollte. Dann kam eine Bekannte von uns zu mir und fragte, wo genau ich Schmerzen hatte. Ich deutete schluchzend auf meinen Bauch, und sie sagte, ohne auch nur einen Moment zu zögern: »Aliska, leg deine Hand auf deine rechte Seite und weine lauter, so laut du nur kannst.« Dann sprach sie eine Wache an: »Sieh dir dieses arme Mädchen an. Es krümmt sich vor Schmerzen. Das muss ihr Blinddarm sein. In diesem Zustand könnt ihr sie nicht auf den Transport schicken! Sie muss sofort zum Arzt.«

Mein Vater griff das Stichwort auf und bat die Wachen, mich ins nahe Krankenhaus bringen zu dürfen. Die Wachen flüsterten miteinander und gaben dann ihre Einwilligung.

»Nimm das Mädchen und lauf zu einem Arzt. Aber seht zu, dass ihr vor Abgang des Transports zurück seid.«

Vater sprang auf und hob mich hoch. Ich weinte vor Schmerzen weiter, das Tor ging auf, und Vater, der mich auf seinen Armen trug, rannte zum Krankenhaus.

Wieder waren wir draußen und frei! Aus den Augenwinkeln sah ich, dass uns alle beobachteten. Und dann trafen wir, wie durch Zauberhand, meinen Onkel Menachem, der mit uns gefangen genommen worden war und der nun wie ein ganz gewöhnlicher Mensch die Straße entlangspazierte und so tat, als fühlte er sich völlig sicher. Später erfuhren wir, dass er durch einen Durchschlupf aus dem Hof geflohen war. Er gab uns mittels Gesten zu verstehen, dass wir ihn nicht ansprechen und so tun sollten, als würden wir uns nicht kennen.

Ich spürte, dass wir gerettet waren. Ich wollte schreien vor Glück, aber ich wusste noch nicht, wie es weitergehen würde. Vater trug mich wie ein zerbrechliches Gut auf seinen ausgestreckten Armen. Bald atmete er schwer und lief langsamer. Am Krankenhaus setzte Vater mich vorsichtig ab. Dann geschah etwas Seltsames: Der Schmerz verschwand, und ich stand da, mit beiden Füßen fest auf der Erde, lächelte und sagte: »Vater, es tut nicht mehr weh. Können wir jetzt zurück zu Mutter gehen?«

Zu meiner Überraschung sah ich eine Mischung aus Furcht und Flehen in Vaters Augen. »Mein kleines Mädchen«, flüsterte mein Vater. »Bitte, steh nicht so aufrecht da. Krümme dich weiter und tu so, als hättest du Schmerzen, und weine ruhig – sonst sind wir verloren! Sonst werden sie uns sofort in den Hof zurückschicken, und wir werden noch heute deportiert.«

»Aber, Vater, was ist mit Mutter und den Mädchen?«, fragte ich.

»Alles wird gut«, sagte er nur, »hör einfach nicht auf zu jammern und zu klagen.«

Und mein Vater hob mich wieder hoch und ging mit mir zum Hauptgebäude des Krankenhausgeländes.

Ich kam in das Untersuchungszimmer. Wieder überfiel mich die Angst, die Schmerzen kamen zurück, wenn auch nicht so heftig wie vorher. Wir wurden von einem jüdischen Arzt empfangen, den Vater kannte, worüber er offenbar sehr erleichtert war.

Mein Vater erzählte, was passiert war, der Arzt hörte zu, dann musste ich mich hinlegen, und er fing an, meinen Bauch zu untersuchen, tastete ihn gründlich ab. Als er fragte, wo es wehtue, sagte ich: »Überall«, denn die Wahrheit war: Es tat nirgendwo mehr weh. Plötzlich brach der Arzt die Untersuchung ab, sah meinem Vater in die Augen und sagte: »Das Mädchen ist körperlich gesund. Die Schmerzen rührten möglicherweise von ihrer Angst her. Ich riskiere meine Freiheit, wenn ich sie ohne triftigen Grund einweise. Aber ich werde sie an den Direktor der Abteilung überweisen, Dr. Bullock. Er ist ein tschechischer Arzt und kein schlechter Mensch, und zu eurem Glück ist er sehr habgierig. Wenn Sie ihn ›schmieren‹ können, willigt er vielleicht ein, sie im Krankenhaus zu behalten, bis der Transport abgegangen ist.«

Vater schüttelte dem Arzt dankbar die Hand, wirkte aber keineswegs glücklich. Seine Augen verrieten seine Sorge um Mutter und meine Schwestern. Ich fragte ihn wieder ohne Umschweife: »Und was ist mit Mutter und den Mädchen?«

Er versuchte mich zu beruhigen und sagte: »Schsch… schsch… Alles wird gut, kleines Mädchen. Wenn du im Krankenhaus liegst, werde ich eine Bewilligung für ihre Freilassung bekommen.«

Während wir uns unterhielten, kam eine Krankenschwester, eine Nonne, herein und legte mich auf eine Trage. Ich wurde in ein anderes Zimmer gebracht, in dem fünf Frauen unterschiedlichen Alters lagen. Sie sahen mich neugierig an, und ich wusste nicht, wie ich mich verhalten sollte. Sollte ich weinen oder still sein? Vater wandte sich zum Gehen und sagte: »Bleib ruhig liegen, ich bin gleich wieder da.«

Ich fühlte mich schrecklich allein und hatte Angst, dass Vater nicht zurückkommen und ich ihn nie wiedersehen würde. Aber kaum zehn Minuten später kam er mit Mutter und den Mädchen zurück. Ich traute meinen Augen nicht. Ungläubig richtete ich mich auf den Ellenbogen auf. Mutter erzählte, dass sie, kaum dass wir weg waren, hysterisch zu weinen angefangen habe. Sie habe gefleht, ihre kleine Tochter ins Krankenhaus begleiten zu dürfen, denn vielleicht werde sie sterben, und dann würde sie sich nicht einmal von ihr verabschieden können. Sie weinte und schrie und sagte, dass sie sogar ihre beiden kleinen Mädchen zurücklassen würde, sie würde also mit Sicherheit wiederkommen, sobald sie gesehen habe, dass ich lebte, denn sie würde doch ihre beiden Kleinen nicht im Stich lassen. Als die anderen Juden diese überzeugenden Argumente den Wachen übersetzt hatten, ließ man Mutter gehen.

Aber sowie das Tor aufging, nahm Rachel ihre Schwester Miriam an der Hand, und beide weinten und rannten ihrer Mutter hinterher. Die Wachen waren offenbar von der Spontanität der beiden Kinder überrumpelt und rührten sich nicht.

Als sie alle drei auf der Straße angelangt waren, rannten sie wie verrückt los, zum Krankenhaus.

Vor dem Krankenhaus stießen sie auf Vater, der wie benommen im Hof auf und ab ging und überlegte, was er tun sollte. Vater war fassungslos vor Freude und führte Mutter und meine Schwestern in mein Zimmer, aber als wir uns alle unter Tränen umarmt hatten, sagte man ihnen, dass sie gehen müssten.

Wir hatten einen kleinen Sieg über unsere Häscher errungen, doch viele Fragen waren offen: Würde Vater es schaffen, den ärztlichen Direktor zu überzeugen, mich aufzunehmen? Und woher sollte er das Geld nehmen? Wohin sollten die anderen gehen, wenn das Krankenhaus einwilligte, mich dazubehalten? Und was würde dann geschehen? Wo würden sie die Nacht verbringen?

»Großmama, warum sind sie nicht gleich in eure Wohnung gegangen?«, wollte Omer natürlich wissen.

»Ich habe dir doch erzählt, dass die Gardisten, als sie uns aus unserer Wohnung holten, die Tür abschlossen und versiegelten. Das bedeutete, dass die Wohnung öffentliches Eigentum geworden war. Niemand durfte die Wohnung betreten, schon gar nicht jemand von uns. Man hätte uns sofort entdeckt und wieder mitgenommen.«

Omer war mit meiner Antwort nicht zufrieden. »Was haben deine Eltern und deine Schwestern also gemacht? Wo verbrachten sie die Nacht?«

»Mutter und die Mädchen hatten eigentlich nur zwei Möglichkeiten: entweder die Nacht im Krankenhauspark zu verbringen – was glücklicherweise zu dieser Jahreszeit, im Sommer, ohne weiteres möglich war – oder sich heimlich in die Wohnung zu schleichen, trotz allem, und sich dort bis zum Morgen zu verstecken. Ich erzähle dir gleich, wozu sie sich entschlossen.«

Die Operation

Ich lag zwar im Krankenhaus, aber ich war frei. Und nicht nur ich – meine ganze Familie war frei. Als Mutter und Vater mein Zimmer in der chirurgischen Abteilung verließen, hörte ich sie darüber reden, wohin sie gehen und wo sie die Nacht verbringen sollten. Vater deutete an, dass es kurzfristig nur einen einzigen sicheren Ort gebe: unsere Wohnung. Sie könnten durch das Fenster einsteigen, wie beim letzten Mal, und die Nacht dort verbringen, sagte er. Wenn alles gut ginge, würden sie frühmorgens zum Krankenhaus gehen und dann versuchen, ein sichereres Versteck zu finden.

Meine Mutter war gegen diesen Plan; sie hatte aus gutem Grund große Angst. Sie war überzeugt, dass die Polizei zuallererst in unserer Wohnung nach ihr und meinen Schwestern suchen würde. Das sah Vater ein, und so verbrachten sie, da sie keine andere Wahl hatten, die Nacht im Park des Krankenhauses und schliefen auf Bänken. In Wirklichkeit schliefen nur die Mädchen – Mutter und Vater taten die ganze Nacht kein Auge zu. Trotz der sommerlichen Jahreszeit war die Nacht ziemlich kühl, und sie trugen nur leichte Sommersachen. Außerdem brannten die Laternen im Park die ganze Nacht hindurch, und Mutter und Vater hatten Angst, dass sie jeden Moment verjagt werden könnten.

In der Nacht stahl Vater sich in unseren Hof, um zu sehen, was dort los war. Die meisten Wohnungen standen jetzt leer. Nur noch zwei Familien wohnten dort: die Familie des Vermieters, der von der Deportation ausgenommen worden war, und eine nichtjüdische Familie, die man für ihre Treue zur faschistischen Partei belohnt hatte.

Vater klopfte beim Vermieter. Der Mann war sprachlos, als er ihn sah, schließlich hatte man uns am Vortag abgeholt! Als er sich unsere Geschichte angehört hatte, sagte der Vermieter, Vater solle sofort verschwinden, um sich nicht in Gefahr zu bringen. Als sie sich trennten, versteckte Vater sich im Hof hinter einem Baum und beobachtete unsere Wohnung. Bis Mitternacht ließ sich niemand blicken, nichts Verdächtiges rührte sich. Auf dem Rückweg zum Krankenhaus beschloss Vater, dass sie, trotz der Gefahr, die nächsten Nächte in der Wohnung verbringen würden, so wie er es anfangs vorgeschlagen hatte.

In der Zwischenzeit lag ich zwischen frischen Laken in einem Bett und weigerte mich zu begreifen, was um mich herum vor sich ging. Ich fiel in einen erschöpften Schlaf. Als ich am nächsten Morgen aufwachte, stand Vater an meinem Bett und flüsterte mir zu, dass Mutter und die Mädchen sich im Park aufhielten und dass die Nacht ruhig verlaufen sei. Von unserem Nachbarn hatte er erfahren, dass die für den Transport bestimmten Juden bereits zum Bahnhof gebracht worden waren, von wo sie wahrscheinlich in wenigen Stunden Richtung Osten deportiert würden. Solange man bereit sei, mich im Krankenhaus zu behalten, sagte Vater, seien wir sicher. Natürlich hänge sehr viel von meiner Fähigkeit ab, so zu tun, als wäre ich krank. Vaters Worte verunsicherten und ängstigten mich. Ich fing zu weinen an. Vater versuchte, mich zu trösten. Er sagte, er sei sicher, dass ich meine Rolle gut spielen würde. Ich solle mich jetzt ausruhen.

Aber ich war ein Nervenbündel. Ständig warf ich den anderen Patientinnen misstrauische Blicke zu, und ich hatte schreckliche Angst vor dem, was passieren würde. Vater sagte mir, wie ich mich verhalten solle, wenn der Chefarzt zur Visite komme: Wenn er mich untersuchte, sollte ich sagen, dass ich große Schmerzen im rechten Unterbauch hätte, da, wo der Blinddarm war. Aber ich hatte keine Lust mehr, so zu tun, als wäre ich krank. Ich hatte Angst, dass ich nicht überzeugend genug lügen könnte, um einen erfahrenen Arzt zu täuschen, wo ich doch in Wirklichkeit keine Schmerzen hatte. Vater flehte mich an und sagte, es sei unsere einzige Chance, der Deportation zu entgehen, die jetzt so unmittelbar bevorstehe.

Der kritische Moment kam bald. Der Arzt betrat das Zimmer gemeinsam mit einer Krankenschwester, einer Nonne. Kritisch musterte ich ihn. Ich hatte auf einen sympathischen Menschen gehofft. Aber ich sah einen vierschrötigen Mann mit einer Glatze und rotem Gesicht. Er sah eher wie ein Fleischer aus, nicht wie ein Arzt. Er untersuchte zunächst meine Zimmergenossinnen, und als er zu mir kam, warf er einen Blick auf die Karte, die am Ende des Betts befestigt war, und sagte: »Nun, kleines Mädchen, hast du immer noch Schmerzen?«

Ich sah ihn an, aber ich bekam kein Wort heraus. Ich nickte nur.

Vater stand neben mir, er war angespannt und unruhig. Der Arzt stellte sich vor, obwohl sie sich bereits kennen gelernt hatten, weil ich mit seiner Einwilligung nach der Intervention des jüdischen Arztes stationär aufgenommen worden war.

»Ich bin Dr. Bullock, der Chefarzt der Chirurgie«, sagte er. »Mal sehen, was dem Mädchen fehlt.« Ruckartig zog er die Decke zurück, schob das weiße Krankenhaushemd hoch und fing an, meinen Bauch abzutasten. Jedes Mal, wenn er drückte, fragte er, ob es wehtue. Ich war mir nicht sicher, wo genau es wehtun sollte, deswegen antwortete ich meistens: »Ja, hier tut es weh, und da auch.«

Der Arzt sah mich an, als wollte er sagen: Warum machst du mir etwas vor? Dann deckte er mich wieder zu und sagte mit einem Augenzwinkern zu meinem Vater: »Gut, wir werden sehen, was wir tun können. So lange wird sie im Krankenhaus bleiben. Kommen Sie in mein Büro.«

Vaters Augen leuchteten auf. Ich sah einen neuen Hoffnungsschimmer darin. Mein Herz klopfte schneller, vor lauter Glück. Hieß das, dass ich weiter in diesem sauberen Bett liegen dürfte und auch noch gutes Essen bekäme? Vielleicht würde doch alles noch gut werden? Es musste ein Geschenk des Himmels sein!

Als der Arzt die Visite beendet hatte, begleitete Vater ihn in sein Büro. Ungeduldig wartete ich darauf, dass er wiederkam. Kurz darauf war er wieder da und berichtete. Dr. Bullock hatte ihm auf den Kopf zu gesagt, er wisse, dass ich völlig gesund sei, aber für Geld – für sehr viel Geld – wäre er bereit, mich im Krankenhaus zu behalten, wenngleich er dabei ein persönliches Risiko eingehe. Ich wusste, dass Vater nicht genug Geld hatte, um den Arzt für seinen »Gefallen« zu bezahlen, und bekam wieder stechende Bauchschmerzen, diesmal ein Zeichen meiner Beklemmung.

»Was jetzt, Vater?«, fragte ich.

Er wandte sich ab, sah aus dem Fenster und sagte: »Wir werden sehen. Mir wird etwas einfallen. Ich überlege, an wen wir uns wenden können.«

Plötzlich fiel mir ein, dass ich Mutter seit dem Vortag nicht mehr gesehen hatte und dass ich sie mehr denn je brauchte, auch wenn sie mich nicht würde beruhigen können. Ich fragte Vater nach ihr und den Mädchen, und er beugte sich vor und flüsterte: »Sie sind hier, im Park. Ich bringe ihnen zu essen. Tagsüber sind sie hier, ganz nah bei dir. Mutter wird dich bald besuchen, und nachts werden wir zu Hause schlafen.«

Ich verschlief fast den ganzen Tag. Die dramatischen Ereignisse und die Anstrengung, die es mich kostete, nicht aufzugeben, sondern weiterhin das kranke Mädchen zu spielen, müssen mich erschöpft haben. Ich wachte erst auf, als das Essen gebracht wurde. Ich setzte mich auf und stocherte appetitlos darin herum. Ich aß nur wenig und versteckte den Rest unter der Decke. Als Vater mich wieder besuchte, reichte ich ihm heimlich das Essen, und er steckte es schnell in die Tasche, ohne dass es jemand merkte. Er erzählte, dass Mutter und die Mädchen im Park warteten und sich hüteten, dem Krankenhauspersonal unter die Augen zu kommen.

Ich war ängstlich und besorgt und fühlte mich sehr allein. Wie würde unser neues »Abenteuer« ausgehen? Es war eine sehr schwere Verantwortung für ein Mädchen meines Alters, das machte mich sehr nervös, und innerlich zitterte ich die ganze Zeit. Ich sehnte mich nach meiner Mutter, brauchte sie gerade jetzt so sehr, da alles so ungewiss war. Ich sehnte mich nach ihrer Berührung und ihren aufmunternden Worten, wollte mich an sie drücken und an ihrem Busen weinen, wie früher, als ich noch ein kleines Mädchen war.

Bei der Nachmittagsvisite kam Dr. Bullock wieder zu mir ans Bett und fragte: »Wo ist dein Vater, dieser *feshak*?«

Das Wort war tschechisch und bedeutete »guter Mann«, aber ich verstand *veshak*, was mich an »aufhängen« erinnerte, und erschrak fürchterlich.

»Er hat versprochen, mir das Geld heute zu bringen. Was hält ihn davon ab?«

Ich dachte, er meinte, Vater sollte zur Strafe gehängt werden, weil er ihm das Geld nicht brachte. Ich stammelte, dass Vater vermutlich auf dem Weg sei. Der arme Mann muss von Pontius zu Pilatus rennen, um das Geld zusammenzubringen, dachte ich.

»Ich glaube, du hast dich erholt«, sagte der Doktor bestimmt, »vielleicht können wir dich heute noch entlassen, und du kannst nach Hause gehen.«

Nach Hause? Von welchem Zuhause redete er? Wo gab es ein Zuhause für mich? Ehe er wegging, griff ich nach seiner Hand. Das war eine sehr gewagte Geste. Ich flehte und weinte. »Bitte, Herr Doktor, schicken Sie mich nicht weg. Sie wissen genau, was das bedeutet. Vater wird Ihnen das Geld bestimmt bald bringen.«

Ich sah in sein rotes Gesicht und ekelte mich. Ich hielt immer noch seine Hand fest, merkte aber, dass mir die Kräfte schwanden und mein Griff schwächer wurde. Nach kurzem Zögern zog er seine Hand weg und sagte in einem etwas freundlicheren Ton: »Nun, also gut, wir werden dich morgen operieren. Sag deinem Vater, er soll sich an unsere Abmachung halten.«

Als der Arzt gegangen war, spürte ich ein Gefühl der Erleichterung. Dann begriff ich plötzlich, was der Arzt gesagt hatte: dass sie mich am nächsten Morgen operieren würden. Was bedeutete das? Würde es sehr wehtun und würde die Operation mein späteres Leben beeinflussen? Ich hatte nicht die leiseste Ahnung, was sie mit mir machen würden. Schließlich wusste jeder, dass ich nicht krank war. Warum also diese Angst einflößende und unnötige Operation? Aber gut war, dass ich weiterhin im Krankenhaus bleiben konnte – hier fühlte ich mich einigermaßen sicher.

Als Vater kam, berichtete ich ihm die Neuigkeiten. Ich sagte ihm auch, wie wütend der Arzt gewesen war. Er nahm mich in die Arme, und seine Augen funkelten. Dann beruhigte er mich und erzählte, dass er den größten Teil des Geldes schon beisammenhabe und es dem Arzt geben könne. Schließlich tätschelte er sanft meinen Kopf und sagte: »Du bist mein tapferes und gutes kleines Mädchen. Jetzt werden wir mindestens eine Woche lang hier bleiben können, vielleicht sogar zwei – bis du dich von der Operation vollständig erholt hast. Ich hoffe, dass wir bis dahin eine Lösung finden.« Er sah mich mit seinen warmen Augen dankbar an. Sogar durch seine dicken Brillengläser hindurch konnte ich sehen, dass sie feucht waren.

Die Vorbereitungen für die Operation wurden bereits am Vorabend getroffen. Ich war allein, ein zwölfjähriges Mädchen, und konnte die Anweisungen und Erklärungen des Narkosearztes nicht verstehen. Er versprach mir, dass ich nichts spüren würde. Ich würde eine Vollnarkose bekommen und während der ganzen Operation schlafen. Natürlich wollte ich wissen, was sie im Einzelnen machen würden. Er vermied es jedoch, auf meine Fragen zu antworten, und sagte nur: »Hab keine Angst, alles wird gut. Dr. Bullock ist ein ausgezeichneter Chirurg.«

Doch die bevorstehende Operation machte mir Angst, und ich grollte meinen Eltern, die in diesen möglicherweise gefährlichen Schritt eingewilligt hatten, damit wir bleiben konnten. Hatten wir eine Chance, gerettet zu werden, wenn ich mich von der unnötigen Operation erholt haben würde? Und was, wenn ich bei der Operation starb? Ich erinnerte mich an Geschichten von missglückten Operationen, die die Verkrüppelung oder den Tod des Patienten zur Folge hatten. Ich war sehr angespannt und weinte nur noch, bis ich endlich einschlief.

Im Nachhinein ist es für mich nicht nur schwierig, sondern nahezu unmöglich, die Situation zu beschreiben, in der ich mich damals befand. Wir wurden erbarmungslos verfolgt und waren unmittelbar von der Deportation bedroht. Wenn Menschen, auch kleine Kinder, mit einer extremen Situation konfrontiert werden, sind sie mit einem Mal zu Handlungen fähig, die der Verstand weder begreifen noch beschreiben kann. Enorme Kräfte, die bis dahin in uns geschlummert haben, und ein unbändiger Überlebenswille befähigen uns, solche lebensbedrohlichen Situationen zu meistern. Und manchmal gehen wir Risiken ein, für die wir hinterher keine rationale Erklärung finden.

An die Operation erinnere ich mich nur noch bruchstückhaft. Zwei Nonnen hoben mich aus dem Bett auf eine Krankenbahre, und ich wurde über endlose Korridore in den Operationssaal geschoben. Das grelle Licht blendete mich. Man stülpte mir eine Maske über die Nase und ließ mich ein Betäubungsmittel einatmen, das einen unangenehmen Geruch hatte und meinen Kopf ganz leicht machte. Der Narkosearzt befahl mir zu zählen, und ich glaube, ich schlief binnen weniger Sekunden ein.

Als ich aufwachte, sah ich wie durch einen Nebel Vater neben mir sitzen. Zuerst war alles verschwommen. Auf einem kleinen Regal neben meinem Bett stand eine Vase mit Blumen; ich weiß nicht, wer sie gebracht hatte. Als ich mich bewegte, schoss ein heftiger Schmerz durch meinen Bauch. Ich berührte die Stelle, an der es wehtat, und stellte fest, dass ich bandagiert war. Ich stöhnte und wollte Vater sagen, ich hätte Durst, aber mein Mund war trocken und ein Schlauch steckte in meiner brennenden Kehle, so dass ich nicht sprechen konnte.

Ich wollte verzweifelt etwas trinken, und als ich Vater signalisierte, zu mir ans Bett zu kommen, sah ich, dass ihm die Tränen kamen. Ich war so gerührt, dass ich fast den Schmerz und den Durst vergaß. Vater weinte! Mein Vater weinte und murmelte: »Mein armes kleines Mädchen, du erleidest diese unnötigen Qualen für uns alle, du bist unser rettender Engel.«

Ich bat um etwas zu trinken, aber Vater beugte sich dicht zu mir herunter und erklärte, dass ich nach der Operation nicht sofort trinken, sondern nur meine Lippen befeuchten dürfe.

Plötzlich, wie vom Dämon besessen, griff ich die Vase, warf die Blumen weg und war drauf und dran, das faulige Wasser zu trinken. In letzter Sekunde hielt Vater mich davon ab. Ich schlug nach ihm mit meinen schwachen Armen und keuchte: »Du bist schuld, dass ich leide, jetzt lass mich wenigstens trinken!«

Vater sah mich mitfühlend an und weinte leise. Das war so überwältigend, dass ich sogar noch heute eine Gänsehaut bekomme, wenn ich daran denke. Man gab mir ein Beruhigungsmittel, und ich schlief ein.

Als ich wieder aufwachte, saß Vater neben mir und döste.

Mir ging es besser. Ich fragte, warum Mutter mich nicht besuche. Vater beruhigte mich und sagte, Mutter verstecke sich immer noch mit den Mädchen im Park. Sie habe Angst, das Krankenhaus zu betreten, weil sie befürchte, das Personal könnte sie den Behörden übergeben. Nur Vater hatte die offizielle Erlaubnis, bei mir zu sein, und er blieb die ersten beiden Tage nach der Operation bei mir und machte mir Mut. Aber ich vermisste Mutter, ich sehnte mich nach ihr. Hier lag ich nun, nach einer aus medizinischer Sicht überflüssigen Operation, und meine Mutter war in dieser schweren Zeit nicht bei mir.

Doch schließlich kam auch Mutter mich einige Male besuchen. Sie war blass und aufgeregt und kam mir dünner vor. Anspannung und Angst standen ihr deutlich ins Gesicht geschrieben. Einmal war ihr Gesicht vor Kummer und Leid völlig verzerrt, ihr Kopftuch saß schief, ihre Kleider waren verknittert, und sie stand nur neben meinem Bett und weinte hilflos vor sich hin. Danach wechselten Vater und Mutter sich mit ihren Besuchen ab.

Meine Temperatur, die täglich gemessen wurde, fiel langsam. Zweimal täglich steckte mir die Nonne das Thermometer unter die Achsel, bevor sie sich um die anderen Patienten kümmerte. Wir wussten: Wenn die Temperatur wieder normal war, würde ich das Krankenhaus verlassen müssen. Also beschloss Mutter, die Schwester auszutricksen. Wenn die Nonne ihre Runde machte, rubbelte Mutter das Thermometer zwischen den Fingern, bis es auf mindestens 38 Grad gestiegen war, und steckte es dann wieder unter meine Achsel. Wenn die Schwester wieder zu mir kam und das Thermometer abgelesen hatte, trug sie den Wert in mein Krankenblatt ein, mit der Bemerkung: »Temperatur noch nicht gesunken.«

Meine Genesung dauerte also länger als üblich, aber ich habe nur wenige Erinnerungen an die Tage, die ich im Krankenhaus verbrachte. An einen peinlichen Zwischenfall erinnere ich mich aber noch sehr gut.

Eines Tages kam die Schwester und gab mir, wie immer, das Thermometer. Sobald sie mir den Rücken zugewandt hatte, nahm Mutter es und rubbelte es, bis das Quecksilber gestiegen war. Dann steckte sie es zurück. Als die Schwester diesmal zurückkam, sah sie das Thermometer prüfend an, dann uns, dann wieder das Thermometer. Plötzlich legte sie die Hand auf meine Stirn und schüttelte wortlos das Thermometer, bis das Quecksilber wieder im Kolben war. Dann steckte sie es mir unter den Arm und blieb stehen und wartete. Ich wusste sofort: Das Spiel war aus. Ich war vor Angst wie gelähmt. Die Krankenschwester und die anderen Patienten konnten bestimmt hören, wie mein Herz hämmerte. Es klopfte so laut, als wollte es gleich zerspringen. Mir wurde ganz heiß, und mein Kopf sank schwer auf das Kissen. Ich zitterte am ganzen Körper und fror plötzlich.

Die Sekunden vergingen im Schneckentempo, bis die Schwester schließlich auf ihre Uhr sah und entschied, dass genug Zeit verstrichen war. Sie zog das Thermometer hervor, und als sie es ablas, sah ich das Erstaunen in ihren Augen. Ich hörte sie murmeln: »Interessant, sie hat tatsächlich Fieber – nicht so hoch wie vorher, aber immer noch über 38 Grad.« Sie notierte die Temperatur auf der Karte und verließ wortlos das Zimmer.

Wegen der anderen Patientinnen musste ich mich zusammennehmen, um nicht vor Freude laut zu schreien. Wenn unser Betrug aufgeflogen wäre, hätte man uns sofort aus dem Krankenhaus gejagt, und wir wären verhaftet und eingesperrt worden. Jetzt hatten wir nochmals Zeit gewonnen. Mutter und ich wussten, dass ein großes Wunder geschehen war und dass wir in letzter Minute vor der Deportation bewahrt worden waren. Und es war nicht das letzte Wunder, das wir in den langen Kriegsjahren erleben sollten.

In der Zwischenzeit war es Vater gelungen, den Rest des Geldes für den Chirurgen zusammenzubringen, der als Gegenleistung anordnete, dass ich doppelt so lange wie nötig im Krankenhaus bleiben dürfe. Doch eines Tages teilte er uns mit, dass ich gehen müsse.

Ehe ich das Krankenhaus verließ, verband er nochmals meine Operationsnarbe, die schon völlig verheilt war. Nach meiner Entlassung kehrten wir in unsere Wohnung zurück.

Kaum hatten wir uns dort wieder eingerichtet, erschienen – noch am Tag unseres Einzugs – zwei Gardisten und befahlen uns, mit ihnen zu kommen. Ich lag im Bett, obwohl ich gut gehen konnte. »Das Mädchen ist krank«, sagte meine Mutter zu den beiden Uniformierten, und Vater fügte hinzu: »Sie hat gerade eine schwere Operation hinter sich.«

»Überzeugen Sie sich selbst«, sagte Mutter und hob, ungeachtet meiner Scham, mein Nachthemd hoch. »Die Wunde unter dem Verband ist noch frisch.«

»Sie ist heute aus dem Krankenhaus gekommen«, sagte Vater. »Wir können Ihnen die Entlassungspapiere zeigen.«

Einen Moment lang befürchtete ich, die brutalen Gardisten würden den Verband abreißen und die verheilte Wunde sehen. Glücklicherweise glaubten sie meinen Eltern, sagten aber barsch, dass wir uns, sobald ich gesund sei, zum nächsten Transport melden müssten.

Später erfuhren wir, dass auch andere Frauen unnötige Operationen über sich hatten ergehen lassen – gegen großzügige Bezahlung natürlich –, aber kein Mädchen meines Alters. Wann immer das Thema zur Sprache kam, waren meine Eltern stolz auf mich, und sie waren mir dankbar bis an ihr Lebensende.

Die antijüdischen Gesetze wurden von den Behörden erlassen, die für die »Judenfrage« zuständig waren. Doch ein paar Tage später erfuhr Mutter, dass auf Initiative von Dr. Tiso, dem katholischen Priester und Präsidenten der unabhängigen Slowakischen Republik, ein Gesetz verabschiedet worden war, dem zufolge Juden von den Deportationen ausgenommen wurden, die vor einem bestimmten Zeitpunkt zum Christentum konvertiert waren und eine beglaubigte Urkunde mit dem entsprechenden Datum vorweisen konnten.

Mutter versuchte fieberhaft, ein solches Dokument zu beschaffen, das als *schmad-tsetel* bekannt war – allerdings ohne Vaters Wissen, der eine Konvertierung strikt ablehnte, auch wenn sie nur vorgetäuscht war. Nicht nur bei uns, sondern auch in anderen jüdischen Höfen wurde über dieses Thema heftig diskutiert. »Lieber einen Märtyrertod sterben, als den Glauben zu verleugnen und dadurch gerettet zu werden, selbst wenn es nur zum Schein ist«, argumentierten die meisten.

Mutter wusste, dass sie mit ihren Bemühungen, sich einen falschen Taufschein ausstellen zu lassen, gegen ein jüdisches Gebot verstieß, dem zufolge der Tod einer solchen Maßnahme vorzuziehen war. Aber sie fühlte sich mindestens ebenso dem Gebot der *pikuah nefesch* – der »Rettung eines gefährdeten Menschenlebens«, wie sie es auslegte – verpflichtet und setzte sich über Vaters und ihre eigenen Bedenken hinweg.

Es war sehr schwer, Priester zu finden, die so mutig waren, rückdatierte Konvertierungsurkunden auszustellen. Wenn man sie erwischte, konnten sie schwer bestraft werden. Viele von ihnen gehörten überdies der herrschenden Partei an, die hochgradig antisemitisch war. Die Pfarrer, die ihr Leben riskierten und den Juden halfen, waren hauptsächlich Protestanten.

Mit Hilfe einer christlichen Freundin kam Mutter mit einem protestantischen Pfarrer in Kontakt, der zu den wenigen gehörte, die gegen das faschistische Regime opponierten. Er war bereit zu helfen. Er kritisierte die Gleichgültigkeit der

Kirche und schämte sich für die kirchlichen Institutionen, die bei der Verfolgung der Juden oft Beihilfe leisteten.

Mutter ging zu ihm, und er stellte ihr die ersehnten Urkunden aus. Doch das Bleiberecht, das wir mit diesen falschen Dokumenten erlangten, war nicht von Dauer, und bald mussten wir nach neuen Wegen suchen.

Im Flüchtlingslager

Im Laufe des Jahres 1943 hatte sich die Lage etwas beruhigt, obwohl das Jahr mit der Drohung des Innenministers begonnen hatte, dass im März, spätestens im April, die Transporte wieder aufgenommen würden. Aber das geschah nicht, vielleicht wegen der Niederlagen der Deutschen an der Ostfront. Die Russen gewannen zusehends die Oberhand, aber die Deutschen kapitulierten nicht, und ihr Rückzug erfolgte nur sehr langsam.

Die Berichte von der russischen Front waren für die verbliebenen slowakischen Juden das Lebenselixier. Sie machten uns Mut. Die Partisanen verstärkten ihre Aktivitäten und ließen uns wissen, dass die Russen vorrückten. Doch die Behörden beschuldigten nun die Juden, den Partisanen zu helfen. Jeden, den man dabei ertappte, würde man hart bestrafen. Gleichzeitig bekam man aber den Eindruck, dass die slowakischen Faschisten mehr Toleranz gegenüber den Juden walten ließen. Sie unternahmen keine besonderen Anstrengungen, die wenigen verbliebenen Juden zu liquidieren – vielleicht erhofften sie sich dadurch eine Strafmilderung am Tag des Jüngsten Gerichts.

So besuchten die wenigen Kinder, deren Familien nach den Deportationen noch in der Stadt lebten, wieder die Schule. Die Lehrer, die sich hatten verstecken können, trauten sich hervor und stießen zu denen, die offiziell verschont worden waren, und gemeinsam organisierten sie das Nötigste. Wir gingen wieder zur Schule, als würde uns nicht der Boden unter den Füßen brennen, es keinen Krieg geben, man die Juden nicht mit unbekanntem Ziel deportieren. Die Schule war ein vergleichsweise sicherer Ort, zumindest fühlten wir uns dort sicherer als in den eigenen vier Wänden oder auf der Straße. Doch unsere Schule war auch ein Gradmesser für die Tragödie: Während dort früher siebenhundert Mädchen und Jungen zwischen sechs und sechzehn Jahren die Schulbank drückten, waren es jetzt nur noch knapp sechzig.

Im Herbst 1943 erfuhren wir, dass einige wenige Einwohner unserer Stadt aus den Konzentrationslagern um Lublin in Polen hatten fliehen können und sich durch die Wälder zurück nach Michalovce durchgeschlagen hatten, immer nahe daran, zu verhungern oder aufgegriffen zu werden. Sie berichteten ausführlich von den Gräueltaten, die an den Juden verübt wurden, besonders an Kindern, Frauen und Alten, denn inzwischen arbeitete die Vernichtungsmaschinerie der Nazis auf Hochtouren – aber diese Geschichten wurden nur geflüstert. Eine üble Stimmung verbreitete sich in unserer Stadt, die alten Ängste waren wieder da – und die Lage war nun noch schlimmer als zuvor, weil wir schon angefangen hatten zu glauben, dass alle, die bisher überlebt hatten, im Grunde sicher wären. Als weitere Deportationen angedroht wurden, versuchten die Menschen wieder, über die ungarische Grenze zu fliehen. Die Ungarn hatten die Juden bis dahin nicht behelligt – abgesehen davon, dass junge wehrdienstfähige Männer nicht zum Militär einberufen wurden, sondern Zwangsarbeit verrichten mussten.

Mutter und Vater beschlossen, uns Mädchen nach Ungarn zu schicken, zu Tante Mariska und Onkel Jenö in Budapest. Sie kontaktierten daher jemanden, der Menschen über die Grenze schleuste. Mit einem Kode aus hebräischen Wörtern in ansonsten belanglosen Briefen ließen Mutter und Vater unsere Verwandten wissen, dass wir kommen würden. Aber das Dorf, das sie für den Grenzübertritt wählten, war ein anderes als beim ersten, gescheiterten Versuch.

Es war Anfang Dezember. Wir bekamen warme Kleidung

und pelzgefütterte Stiefel für den langen Fußmarsch; in eine kleine Tasche packte Mutter zusätzliche Kleidungsstücke. Als es Abend wurde, verabschiedeten wir uns schnell, um keine Zeit für Tränen zu haben und damit wir es uns nicht in letzter Sekunde anders überlegten. Wir machten uns, zusammen mit dem fremden Mann, auf den Weg zum Bahnhof, ohne Mutter und Vater, die befürchteten, dass eine zu große Gruppe Aufmerksamkeit erregen und das Vorhaben gefährden könnte.

Der Zug stand schon da, als wir zum Bahnhof kamen. Die Lokomotive stieß weiße Wolken in den Himmel. Wir folgten dem Mann in einen der Wagons und waren schon bald unterwegs. Die Erinnerungen an den ersten, erfolglosen Versuch verursachten in mir ein mulmiges Gefühl, und ich betete im Stillen, dass wir es diesmal schafften und heil ankamen.

Die Reise war überraschend kurz. Nach etwa zwei Stunden erreichten wir die letzte Station vor der Grenze. Der Mann bedeutete uns, auszusteigen und ihm zu folgen. Ich nahm meine Schwestern an die Hand. Es war schon dunkel, der Bahnhof lag fast völlig verlassen da, und niemand beachtete uns. Wir gingen ohne Umweg auf ein freies Feld zu. Der Mann lud sich die kleine Miriam auf den Rücken, wie einen Sack Kartoffeln. Sie legte ihren Kopf auf seine Schulter und schmiegte sich an ihn. Er sagte zu Rachel und mir, dass wir dicht bei ihm bleiben und nicht sprechen sollten, um an den Grenzpolizisten unbemerkt vorbeizukommen.

Schnee bedeckte die Erde, und mit jedem Schritt hinterließen wir Fußstapfen. Wir gingen über ein weites Feld; über uns hing ein tiefer dunkler Himmel. Wir sahen keinen Weg und keine Spuren, es gab keine Orientierungspunkte. Ich staunte. Woher wusste der Mann, ob wir links oder rechts oder geradeaus gehen mussten? Aber er ging zielsicher immer weiter – er kannte den Weg offenbar von seinen vergangenen Missionen. In einer Hand trug er die Tasche und auf dem Rücken meine kleine Schwester. Hin und wieder setzte er Miriam ab, ruhte sich ein paar Minuten aus, und dann schwang er sie wieder auf seine breiten Schultern.

Wir gingen eine lange Zeit, vielleicht ein paar Stunden. Ich war sehr müde, und es fiel mir immer schwerer, mit dem Mann Schritt zu halten. Meine Hände und Füße waren eiskalt. Ich dachte an die missglückte Aktion des Vorjahres, an die Bäuerin, die uns in dem Kirchturm unter der schrecklichen Glocke eingesperrt hatte, und an die bittere Enttäuschung von damals. Die Angst, dass sich diese Erlebnisse auf ähnliche Weise wiederholen könnten, lähmte mich fast, und ich zitterte innerlich, als ob mir nicht schon kalt genug wäre.

Ich weiß nicht, wie lange unsere Nachtwanderung dauerte. Schließlich sahen wir Lichter in der Ferne. Aufmunternd sagte der Mann: »Mädchen, wir sind schon in Ungarn. Wir sind sicher über die Grenze gekommen und werden bald einen Bahnhof erreichen.«

Ich staunte. Ich hatte Stacheldrahtzäune erwartet, oder bewaffnete Grenzwächter. Stattdessen waren wir durch eine einsame Landschaft gewandert, in der alles gleich aussah und eine absolute Stille herrschte.

Am Bahnhof erregten wir keinen Verdacht. Wir sprachen alle ein gutes Ungarisch. Nach ein paar Stationen hielten wir in der Stadt, in der der Schmuggler das »Paket« Verwandten von uns übergeben sollte. Sie würden uns am nächsten Tag nach Budapest bringen. Der Mann fragte nach der Adresse, die meine Eltern ihm gegeben hatten, und noch in derselben Nacht kamen wir bei unseren Verwandten an, die unsere Ankunft bereits ungeduldig erwarteten.

Eine angenehme Wärme hüllte uns in dem Haus ein und machte uns sehr schläfrig. Es war sehr spät, und wir hatten einen langen, anstrengenden Tag hinter uns. Ich konnte mich nicht mehr länger auf den Beinen halten und legte mich auf den Boden, völlig erschöpft, und meine Schwestern taten es mir nach. Wir wollten nur noch schlafen.

Die Familie, bestehend aus den Eltern und zwei kleinen Kindern, umringte uns neugierig. Sie halfen uns hoch, setzten uns auf das Sofa und gaben uns Apfelsaft zu trinken. Als wir uns ein wenig erholt hatten, stellten wir uns gegenseitig vor. Die Eltern fragten uns, wie alt wir seien. Sie erklärten uns, dass wir die Cousinen zweiten Grades ihrer Kinder seien und dass sie uns einmal, vor langer Zeit, besucht hätten. Unser »Lieferant« zeigte ihnen Vaters Brief. Er bekam etwas zu essen und zu trinken, dann ging er sofort wieder los und nahm einen Brief unseres ungarischen Onkels mit, in dem dieser unsere Eltern informierte, dass wir sicher angekommen waren.

Unsere Verwandten herzten und küssten uns und beklagten unser trauriges Schicksal. Wie die meisten ungarischen Juden waren sie sicher, dass sie nicht in Gefahr schwebten. Schließlich waren ihre Familien seit Generationen ungarische Staatsbürger, und sie waren loyal gegenüber ihrem Land und glaubten, die nichtjüdischen Ungarn würden mit Sicherheit nicht zulassen, dass »ihre« Juden so leiden müssten wie wir. Nachdem wir uns gewaschen und ein wenig gegessen hatten, gingen wir zu Bett und schliefen sofort ein.

Am nächsten Morgen nahm uns die Mutter mit in die Hauptstadt, nach Budapest. Die Fahrt dauerte mehrere Stunden. Ich war überrascht und begeistert von dem großen eleganten Budapester Bahnhof. Das Gewühl der vielen Menschen, die kamen und gingen, faszinierte mich. Wir waren in einer der schönsten Städte Europas, und ich, das Mädchen aus einer slowakischen Kleinstadt mit 15 000 Einwohnern, war vollkommen hingerissen.

Wir bahnten uns den Weg durch die Menge zur Haltestelle der Straßenbahn, die uns bis zur Wohnung von Tante Mariska und Onkel Jenö bringen würde. Ich konnte meinen Blick nicht von den hohen Häusern losreißen und war begeistert von den vielen Autos, den Straßenbahnen und den Kutschen, die auf den breiten Boulevards vorbeifuhren. Die Straßen waren voller Menschen, die es alle eilig zu haben schienen. Ich sah in die Schaufenster, und trotz der Kälte bat ich, ab und an stehen bleiben zu dürfen, damit ich mir die ausgestellten Waren genau ansehen konnte.

Dann stiegen wir in die Straßenbahn. Es war meine erste Fahrt mit einer Straßenbahn, und ich genoss sie sehr. Wir kamen zu einem sechsgeschossigen Haus. Noch nie hatte ich ein so hohes Haus gesehen – das höchste Haus in Michalovce hatte drei Stockwerke. Wir stiegen die Treppe bis zum zweiten Stock hinauf und klingelten. Die Tür öffnete sich, und da standen Tante Mariska und Onkel Jenö mit ihren drei kleinen Kindern, einem Jungen und zwei Mädchen. Sie waren bei unserem Anblick sehr bewegt. Ich kannte sie bis dahin nur von Fotos und wartete nun neugierig auf ihr Willkommen. Sie ließen uns sogleich eintreten, umarmten und küssten uns immer wieder, und alle unsere Gefühle lösten sich in einem bewegten Strom von Tränen. Gott sei Dank, wir waren sicher angekommen. Nach den vielen Belastungen der Reise hatte ich das Gefühl, einen sicheren Hafen erreicht zu haben, mein neues Zuhause.

Die Verwandte, die uns gebracht hatte, blieb ein paar Stunden und ging dann wieder, mit dem Versprechen, dass wir uns wiedersehen würden. Es blieb jedoch bei dem Versprechen. Sie und ihre Familie wurden ermordet, wie fast alle ungarischen Juden.

Nachdem wir es uns ein wenig bequem gemacht hatten, fragten Onkel und Tante uns aus. Zuerst war ich verwirrt und fühlte mich überrumpelt, ich kam mir vor wie im Zeugenstand, als müsste ich mich verteidigen. Doch dann erzählte ich von Mutter und Vater, von der Situation zu Hause, den Plünderungen, den Demütigungen, den Transporten und, natürlich, von der getürkten Operation. Aber ich hatte das Gefühl, dass sie mir nicht glaubten, dass sie dachten, ich hätte eine blühende Fantasie und dass ich mir das meiste von dem, was ich ihnen erzählte, ausgedacht hätte. Schließlich konnte ihrer Meinung nach nichts von alldem wirklich passiert sein, jedenfalls nicht im aufgeklärten Europa.

Auch in Ungarn stand das Menetekel an der Wand, aber die Menschen ignorierten es. Solange es keine Deportationen gab, fühlten die ungarischen Juden sich relativ sicher.

Unsere Freude darüber, eine neue Heimat gefunden zu haben, war nur von kurzer Dauer. Zunächst würden wir das Haus verlassen müssen, erklärte mein Onkel, da es verboten sei, Flüchtlingskinder aufzunehmen. Sowohl diejenigen, die sich illegal im Land aufhielten, als auch jene, die ihnen Unterkunft gewährten, wurden, wenn man sie erwischte, streng bestraft. Unsere einzige Hoffnung war, in einem Flüchtlingslager für verfolgte Kinder aus Ländern wie der Slowakei, Polen und Jugoslawien unterzukommen. Ein solches Lager wurde als Waisenhaus bezeichnet, *szaboles*, und laut Gesetz konnten die dort untergebrachten »Waisenkinder« von ungarischen Bürgern adoptiert werden. Onkel Jenö plante, uns zu einem solchen Lager zu bringen. Dort sollten wir der Leitung erzählen, dass wir allein aus der Slowakei gekommen wären – mit Hilfe guter Menschen – und eine Bleibe suchten.

Am nächsten Morgen packten wir unsere Sachen, und Tante Mariska gab uns Proviant für die Reise mit. Nach einer längeren Zugfahrt erreichten wir das Lager. Unser Onkel verabschiedete sich, und wir gingen auf das Tor zu, drei ängstliche Mädchen. Aber zu unserer Überraschung hielt uns niemand an und stellte irgendwelche Fragen, und man wies uns sofort drei Betten in einem kleinen Zimmer zu, zusammen mit vier Mädchen aus Serbien. Sie sahen uns zuerst misstrauisch an, wurden aber schnell freundlich und liebenswürdig. Mittels Zeichensprache gaben sie uns zu verstehen, dass sie glücklich seien, uns bei sich zu haben. Sie selbst hatten sich erst im Lager kennen gelernt und waren seitdem zusammengeblieben. Ihr Problem war, dass sie kein Ungarisch konnten. Ich verstand ein bisschen Serbisch – Slowakisch und Serbisch sind slawische Sprachen, viele Wörter sind gleich oder ähnlich –, und ich übersetzte für sie, bis sie die Wörter und Sätze gelernt hatten, die sie im Alltag brauchten.

Bald freundete ich mich mit einer von ihnen an. Sie war in meinem Alter und beeindruckte mich mit ihrem schönen Gesang, denn auch ich sang gern. Sie sang und summte vor sich hin, während sie ins Leere starrte, als wollte sie eine geheime Botschaft an diejenigen senden, die sie zurückgelassen hatte. Wenn sie sang, kamen auch andere Kinder, um ihr zuzuhören. Sie hatte eine klare hohe Stimme, wie ein Vogel, und ihr Gesang erfüllte mich mit einer unerklärlichen Sehnsucht und Traurigkeit. Sie brachte mir serbische Lieder bei, die wir dann gemeinsam sangen.

Wir blieben ungefähr sechs Wochen in diesem Lager, verbrachten die Zeit vor allem mit Essen und mit Gemeinschaftsspielen. Jeden Tag warteten wir auf den Besuch unserer Verwandten. Wir wanderten ziellos im Hof auf und ab und spähten immer wieder durch den Zaun, nur um enttäuscht auf unser Zimmer zurückzukehren, wenn sie wieder nicht gekommen waren. Wenn sie uns besuchten, so hofften wir, würden wir bald gehen dürfen. Jeden Tag beobachteten wir neidisch, dass glückliche Kinder mit ihren Adoptiveltern das Lager verließen. Wir lernten auch Kinder kennen, die man bei dem Versuch, heimlich die Grenze nach Ungarn zu überqueren, erwischt hatte, und solche, die freiwillig ins Lager gekommen waren.

Eines Tages kamen Onkel Jenö und Tante Mariska dann doch und brachten eine wunderbare Überraschung mit: einen Brief von Mutter und Vater. Das war ein großer Tag für uns, denn der Briefverkehr zwischen der Slowakei und Ungarn funktionierte nur sporadisch. Wir ließen zärtlich und sehnsüchtig die Finger über den Brief gleiten und küssten die Seiten, als könnten wir dadurch mit unseren Eltern in Verbindung treten.

Mutter und Vater schrieben, wie glücklich sie seien, dass alles gut gegangen sei und man ihnen diese große Last von der Seele genommen habe und dass sie Gott dafür dankten, dass wir in Sicherheit waren. Um unseren Verwandten die Situation nicht zu erschweren, schlugen sie vor, dass wir uns trennten. Rachel, die Zweitälteste, sollte zu unseren Großeltern aufs Land gehen. Rachel wollte davon nichts wissen, aber Tante Mariska versicherte ihr, dass sie den Ort mögen und man sie nach Strich und Faden verwöhnen würde und dass unsere Großeltern sehr glücklich wären, wenn sie zu ihnen käme und bei ihnen lebte. Aber dann wurde Rachel plötzlich krank, als wollte das Schicksal ihren schmerzlichen Abschied hinauszögern. Die Ärzte sagten, sie müsse sich einer Operation unterziehen, ihr müssten die Mandeln herausgenommen werden. Rachel weinte sehr viel, nicht nur wegen der Schmerzen, sondern vor allem, weil sie die Operation allein durchstehen sollte, weit weg von Mutter und Vater, in einem fremden Land. Sie weigerte sich auch weiterhin, zu unseren Großeltern zu ziehen, aber da die Erwachsenen es untereinander so ausgemacht hatten, willigte sie schließlich ein.

Einige Wochen später wurde endlich die Adoption genehmigt, und wir kehrten in die schöne Wohnung unserer Tante und unseres Onkels zurück. Onkel Jenö fuhr mit Rachel – die sich von der Operation erholt hatte – in das Dorf, in dem unsere Großeltern lebten und meine unverheiratete Tante Ilonka sie erwartete. Miriam blieb bei mir in Budapest. Nach ein paar Tagen fühlten wir uns wie zu Hause. Miriam spielte mit ihren Cousinen, die etwas jünger waren als sie, und ich, die Älteste, passte auf sie auf.

Nach einiger Zeit fiel meiner Tante auf, dass ich wunde

Budapest 1943: Rachel (unten Mitte), mein Cousin Simon, meine beiden Cousinen und ich (oben links)

Stellen am Hals hatte und mich ständig am Kopf kratzte. Als ein anderer Verwandter, ein Arzt, zu Besuch kam, bat sie ihn, sich die Sache mal anzuschauen. Es dauerte nicht lange, dann sagte er: »Das Mädchen hat Läuse, daher die wunden Stellen. Sie hat möglicherweise auch die anderen Mädchen angesteckt.«

Tante Mariska untersuchte uns alle sorgfältig und war entsetzt: Auch Miriam, mein Cousin und meine beiden Cousinen hatten Läuse.

Damals benutzte man Petroleum oder Kohlsaft, um diese Insekten zu entfernen. Tante Mariska schmierte uns Petroleum ins Haar, umwickelte unsere Köpfe mit Handtüchern und entfernte dann einige Zeit später die Läuse mit einem speziellen Kamm. Wir mussten uns auf ein Stück weißes Papier stellen, damit man die herunterfallenden Läuse sehen konnte. Ich schämte mich. Ich wusste, dass wir uns die Läuse in dem Flüchtlingslager eingefangen hatten, aber mein Onkel behauptete immer wieder, wir hätten die Läuse von zu Hause mitgebracht. Er sagte sogar, dass Mutter nicht richtig für uns gesorgt und nicht ausreichend auf Sauberkeit geachtet hätte. Es tat mir sehr weh, das anhören zu müssen. Ich fühlte mich in Mutters Namen beleidigt. Mutter hatte es mit der Hygiene stets übertrieben. Sie wollte zum Beispiel nicht, dass ich mir Zöpfe wachsen ließ, die ich so gern gehabt hätte, und wir hatten daher alle kurze Haare, damit sie sie besser pflegen konnte.

Jedenfalls wurden wir an den nächsten Abenden von unserer Tante immer demselben Ritual unterzogen. Wir bekamen die Haare eingeschmiert, und dann wurden sie ausgekämmt, aber es dauerte lange, bis wir die Läuse endgültig los waren.

In der Zwischenzeit ging der Krieg weiter. Die meisten Lebensmittel waren rationiert. Der Schwarzmarkt blühte, und das Geld wurde immer weniger wert. Tante Mariska und Onkel Jenö fiel es schwer, für fünf Kinder zu sorgen, und so beschlossen sie, dass Miriam, die jetzt sieben Jahre alt war, zu Onkel Herman ziehen sollte, einem Junggesellen. Er wohnte in einer kleinen Stadt, etwas sechzig Kilometer von Budapest entfernt, wo er als Lehrer und Kantor arbeitete. Miriam hing sehr an mir – ich war wie eine Mutter für sie –, und sie wollte nicht weg, aber Onkel Jenö versicherte ihr, dass es ihr dort gefallen würde.

»Arme Miriam!« Omer unterbrach mich mitten im Satz. »Wie konnten deine Tante und dein Onkel so gefühllos sein, ein kleines Kind zu einem Junggesellen zu schicken, auch wenn es ihnen Leid tat und sie keine andere Wahl hatten! Was für ein Leben würde sie denn bei ihm haben? Und wenn sie eine von euch wegschicken mussten, warum nicht dich, die Älteste?«

»Ich glaube, dafür gab es einige gute Gründe«, sagte ich. »Erstens: Als dreizehnjähriges Mädchen konnte ich viel im Haushalt helfen und auf die kleinen Mädchen aufpassen,

wenn meine Tante und mein Onkel nicht da waren. Dagegen betrachteten sie Miriam als Belastung. Außerdem kam es nicht in Frage, ein junges Mädchen in meinem Alter allein zu einem unverheirateten Mann zu schicken. Ich glaube, das war der Hauptgrund für die Entscheidung meiner Tante. Deshalb fiel die Wahl auf meine kleine Schwester.«

Aber schon eine Woche später brachte Onkel Herman Miriam zurück. Das Mädchen habe nur geweint, sagte er, und sei völlig apathisch. Er habe es sehr schwer mit ihr gehabt. Seine Haushälterin habe ihm zwar geholfen, aber sogar sie sei schließlich verzweifelt.

Obwohl nur eine Woche vergangen war, hatte sich meine kleine Schwester, wie ich sah, sehr verändert. Ihr schwarzes Haar, das sie so gern kämmte, war sehr seltsam mit einer Schleife auf ihrem Kopf zusammengebunden. Die Kleider, die sie trug, waren ihr mindestens zwei Nummern zu groß und reichten ihr bis zu den Knöcheln. Sie sah benommen aus, dünn und blass.

Kaum war sie im Haus, rannte sie auf mich zu, legte mir ihre Arme um die Taille, drückte mich und flüsterte: »Ich will nicht bei Onkel Herman wohnen. Ich möchte bei dir sein.«

Als sie das sah, beschloss Tante Mariska, Miriam dazubehalten. Irgendwelche wohlhabenden Verwandten unterstützten uns, und wir konnten zusammenbleiben.

Mitte Januar 1944 wurden wir in einer Schule angemeldet, obwohl die Hälfte des Schuljahres bereits verstrichen war. Ich wurde in die vierte Klasse – statt in die sechste – gesteckt, und Miriam kam in die erste statt in die zweite Klasse. Als ich das Klassenzimmer betrat, stellte mich die Lehrerin als ein Flüchtlingsmädchen vor, das adoptiert worden war, und bat die anderen Schüler, mir zu helfen, mich einzuleben. Früher war ich immer das kleinste Mädchen in der Klasse gewesen, aber jetzt war ich zum ersten Mal das größte Kind, weil die anderen zwei Jahre jünger waren als ich. Mein Ungarisch half mir vor allem bei den Gesprächen und im Unterricht, aber auch die Lücke im Schreiben schloss ich schnell. In Fächern wie Rechnen und Zeichnen, in denen die Beherrschung der Sprache nicht wichtig war, hatte ich keine Probleme.

Zu Hause war ich sehr gern zur Schule gegangen, aber hier ging ich ohne Begeisterung hin und mit dem Gefühl, dass ich keine Wahl hatte. Ich langweilte mich und empfand die Schule als verschwendete Zeit. In die Klassengemeinschaft passte ich auch nicht, und ich fühlte mich nicht wohl, vielleicht wegen des Altersunterschieds. Aber Tante Mariska und Onkel Jenö, die nicht wussten, wie lange wir bei ihnen bleiben oder ob wir jemals wieder nach Hause zurückkehren würden, wollten, dass wir ein normales Leben führten, so wie andere Kinder. Wir sollten uns nicht wie Flüchtlinge fühlen.

Nur selten kam ein Brief von Mutter und Vater. Die Briefe, die wir ab und an erhielten, wurden immer trauriger, obwohl das Ende des Krieges endlich in Sicht war. In dieser Phase erlitten die Deutschen an allen Fronten schwere Niederlagen, und es war abzusehen, dass sie besiegt werden würden.

Im März 1944, als sich die Ostfront der Slowakei näherte, hörten wir, dass die slowakische Regierung beabsichtige, die wenigen Juden, die noch im Ostteil des Landes verblieben waren, zusammenzutreiben und nach Polen zu deportieren, um zu verhindern, dass sie mit den heranrückenden Russen kollaborierten. Doch durch geschickte Verhandlungen und die Zahlung hoher Bestechungssummen gelang es den Vorsitzenden der jüdischen Gemeinden in der West- und Nordslowakei, diese Juden zu sich zu holen. Aus dem Westteil des Landes waren bis dahin vergleichsweise wenige Juden deportiert worden. Sie nahmen nun die Juden aus dem Osten der Slowakei bei sich auf. Auch ein Großteil der nichtjüdischen Bevölkerung wurde aus den östlichen Landesteilen evakuiert.

Zur gleichen Zeit wurde Budapest von den Alliierten heftig bombardiert, und wir verbrachten viele Stunden in irgendwelchen Bunkern. Tausende von Menschen wurden bei den Luftangriffen getötet oder verwundet und Zehntausende ausgebombt. Auch während des Unterrichts heulte oft die Sirene, und wir mussten in den Keller gehen. Einmal, auf unserem Nachhauseweg, heulten die Sirenen, als wir mitten auf einer belebten Straße waren. Die Menschen fingen an zu rennen, suchten panisch nach öffentlichen und privaten Luftschutzkellern. Wir rannten, bis wir einen Ort fanden, an dem wir unterkamen. Mehrere Stunden lang saßen wir in diesem Bunker fest, und als wir herauskletterten, war es fast schon dunkel. Tante Mariska hatte sich große Sorgen um uns gemacht, und seitdem hatte ich Angst, zur Schule zu gehen.

Die Wohnung unserer Verwandten befand sich im zweiten Stock eines Hauses, das an einer der Hauptstraßen des jüdischen Viertels lag. Über uns, im dritten Stock, wohnte noch eine jüdische Familie mit einem vierzehnjährigen Sohn. Jeden Tag, wenn wir Mädchen auf dem Balkon unserer Wohnung spielten, ging auch der Junge auf seinen Balkon und bombardierte mich mit Fragen: Wo kommst du her? Warum wohnst du nicht bei deinen Eltern? Wie lange bleibst du hier? Wir freundeten uns an, und manchmal besuchte er uns. Nach einiger Zeit lud er mich ein, mit ihm zusammen die prächtige Synagoge in der Dohánystraße zu besuchen, wo er im Kinderchor sang, meistens an Schabbat und an Feiertagen. Er hatte eine schöne helle Stimme, und er spielte ausgezeichnet Akkordeon.

Am darauffolgenden Schabbat begleitete ich ihn. Die Schönheit und die Größe der Synagoge faszinierten mich. Auch die Andacht gefiel mir, und die Lieder des Chors, der von einer Orgel begleitet wurde, machten mich froh. Es war das erste Mal in meinem Leben, das ich so etwas erlebte. Vorher hätte ich mir noch nicht einmal vorstellen können, dass in einer Synagoge Orgel gespielt würde. Aber mein neuer Freund erklärte mir, dass dies im reformierten Judentum üblich sei – es war auch das erste Mal, dass ich von dieser Strömung im Judentum hörte.

Der Junge schien mich sehr zu mögen. Fast täglich schickte er mir kleine Zettel, die er an einer Strippe befestigte und von seinem Balkon auf unseren hinunterließ. Die kleinen Mädchen – meine Schwester und meine Cousinen – schnappten sich die Zettel und gaben sie mir erst, wenn ich ihnen versprochen hatte, sie laut vorzulesen – sie konnten nicht lesen. Ich war geschmeichelt, dass mir jemand den Hof machte. In den Stunden, die ich mit ihm verbrachte, vergaß ich die Sehnsucht nach meinen Eltern. Ich war stolz darauf, dass der Nachbarjunge mich gern hatte. Wir lasen zusammen Bücher und spazierten durch die Straßen unseres Viertels. Nach dem Krieg blieben wir in Verbindung, bis ich nach Israel ging, und als er und seine Eltern ebenfalls nach Israel auswanderten, erneuerten wir unsere Freundschaft, und er spielte auf meiner Hochzeit Akkordeon.

Die Deutschen erlitten an der Ostfront eine Niederlage nach der anderen, aber das hielt sie nicht davon ab, die Juden zu deportieren und zu ermorden.

Ende März 1944 gab es große Aufregung in unserem Haus. Das Gerücht verbreitete sich wie ein Lauffeuer: Die Deutschen hätten Budapest besetzt und marschierten durch die Straßen. Wir stürzten ans Fenster, um die Parade zu sehen, die auch durch unsere Straße führte, und wir sahen die Deutschen in Jeeps, auf Motorrädern und in gepanzerten Fahrzeugen vorbeifahren. Die Infanteriesoldaten marschierten in breiten Reihen vorbei und demonstrierten Macht und Stärke, trotz der Gerüchte, denen zufolge ihre Niederlage bevorstehe.

Als ich diese Militärparade sah, wusste ich, dass die alte Furcht zurückkehren würde. Eine neue bedrohliche Phase begann, und wer konnte voraussagen, wann und wie sie endete? Was planten die Deutschen in Ungarn? Würden sie die Juden zusammentreiben und sie dann in den Osten deportieren? Oder würden die Juden von ihren ungarischen Mitbürgern geschützt werden? Die Antworten auf diese Fragen ließen nicht lange auf sich warten.

Rückkehr nach Hause

Einen Monat später, im April 1944, war ich immer noch in Budapest. Die Flugzeuge der Alliierten bombardierten die Stadt weiterhin unablässig Tag und Nacht. Die Angriffe richteten sich zwar gegen bestimmte Ziele, zerstörten aber auch weite Flächen im Umkreis dieser Ziele. Der Gang in den Keller wurde zur Routine. Das Heulen der Sirenen trieb alle unter die Erde, und dieselbe Sirene verkündete einige Zeit später das Ende des Angriffs.

Wenn wir nach einem Luftangriff aus dem Keller kamen, sah unsere Umgebung anders aus als zuvor. Häuser waren zerstört, und Möbel und andere Einrichtungsgegenstände quollen aus dem Schutt hervor wie die offen liegenden Gedärme eines toten Körpers. Nun heulten andere Sirenen – Krankenwagen brachten die Verletzten in die Krankenhäuser. Tote wurden aus den Trümmern geborgen, Tierkadaver, mit zerschmetterten Gliedern, lagen überall herum. Die Luft roch versengt, und über allem hing der Gestank des Todes.

Trotz der Gefahr und der Angst, bei den Bombenangriffen verletzt zu werden, hofften wir, dass sie weitergingen, weil wir glaubten, dass sie die Kapitulation der Deutschen beschleunigen würden. Doch die Deutschen und ihre Handlanger erließen neue Dekrete gegen die Juden. So wurde Juden zum Beispiel untersagt, Nichtjuden bei sich zu beschäftigen. Die Haushälterin meiner Tante, die bei uns wohnte, musste uns daher verlassen. Obwohl die Deutschen wussten, dass ihre Niederlage bevorstand, hielten sie an ihrem Plan, die Juden Europas zu vernichten, unbeirrt fest. Jetzt kamen die ungarischen Juden an die Reihe.

Innerhalb weniger Wochen wurden die Juden in den Provinzstädten in Gettos zusammengepfercht. Manche versuchten zu fliehen, hauptsächlich nach Rumänien oder nach Budapest, wo es einfacher war unterzutauchen.

Meine Schwester Rachel wurde mit unseren Großeltern in das Getto einer Provinzstadt unweit ihres Dorfes gebracht. Wir erfuhren, dass Mutter und Vater einen »Vermittler« zu unseren Großeltern ins Getto schickten, dem es gelang, unsere Schwester herauszuschmuggeln. Sie wurde über die Grenze zurück zu unseren Eltern gebracht.

Mutter und Vater lebten immer noch in Michalovce und bereiteten sich darauf vor, in die Westslowakei überzusiedeln. Rachel fand Mutter in einem kritischen Zustand vor: Sie sagte, sie sei des Lebens müde, weil sie glaube, dass sie ihre Töchter nie wiedersehen würde. Jetzt, da wenigstens eine von uns dreien wieder bei ihr war, besserte sich ihr seelischer und körperlicher Zustand ein wenig, obwohl sie immer noch an Depressionen litt und sagte, sie wolle sich das Leben nehmen.

Obwohl die jüdischen Flüchtlinge aus den ungarischen Provinzstädten von den Grausamkeiten in den Gettos und den bevorstehenden Deportationen berichteten, versuchten nur wenige Juden zu entkommen. Eine Flucht war ohnehin schwierig. Die wenigsten sahen sich nach einer Alternative um, nach einem Versteck. Mitglieder der »Pfeilkreuzler«, der ungarischen Faschisten, erschossen zahlreiche Juden und warfen die Leichen in die Donau. Die Fluten der Donau färbten sich rot mit jüdischem Blut. Nachdem alle Juden aus den Provinzen nach Auschwitz deportiert worden waren, beschlossen die Deutschen, auch die Budapester Juden vor ihrer Deportation in einem Getto zu konzentrieren.

Die Gerüchte über die sich rapide verschlechternde Lage der Juden in Ungarn erreichten auch die wenigen slowakischen Juden, die noch am Leben waren und jetzt in einer besonders ausgewiesenen Gegend im Norden und Westen der

Slowakei lebten. Auch mein Vater hörte von der Entwicklung, und obwohl er nun in einer fremden Stadt in der Westslowakei wohnte und abhängig war von der Wohltätigkeit der örtlichen Juden, war er so kühn und einfallsreich, uns einen »Boten« zu schicken, der uns aus dem »Inferno« retten sollte.

So kam es, dass eines schönen Tages, frühmorgens, ein dunkelhäutiger Mann an die Wohnungstür klopfte. Er sagte, er sei Zigeuner, wohne in der Slowakei und spreche auch Ungarisch. Seine Kleidung war ungepflegt, und er war unrasiert, so dass wir ihm zunächst misstrauten. Aber er zeigte uns einen Brief von Vater, in dem dieser uns wissen ließ, dass er beabsichtigte, unsere Familie wieder zusammenzuführen – mit Hilfe des Überbringers dieses Briefes. Vater hatte sich zu diesem Schritt entschlossen, weil zu dieser Zeit die Lage in der Slowakei relativ entspannt war – die Deportationen waren für einige Monate ausgesetzt worden.

Tante Mariska und Onkel Jenö waren unsicher, ob sie Vaters Bitte nachkommen und unser Schicksal diesem ihrer Meinung nach zwielichtigen Menschen anvertrauen sollten. Wären wir nicht auf dieser beschwerlichen Reise einer viel größeren Gefahr ausgesetzt als in Budapest, trotz der Kämpfe und Bombenangriffe? Das unangekündigte Erscheinen dieses Mannes machte uns sehr nervös. Wir mussten uns schnell entscheiden. Wir hätten keine Zeit zu verlieren, sagte der Mann. Was uns schließlich die Entscheidung erleichterte, war das Gefühl, dass wir schließlich bei unseren Eltern besser aufgehoben sein würden, was immer auch geschah. Mein Cousin Simon, der zwei Jahre jünger war als ich, sollte mitkommen.

Sofort zog Tante Mariska uns mehrere Kleidungsstücke übereinander an, damit wir nichts tragen müssten. Wir bekamen Geld und etwas Proviant für die Reise. Tante und Onkel gaben uns unter Tränen ihren Segen und begleiteten uns nur bis zur Haustür, um kein Aufsehen zu erregen. Auf der Straße sah ich ein letztes Mal nach oben, sie standen am Fenster und warfen uns Küsse zu. Ich wäre so gern geblieben, meine Beine waren so schwer, dass ich kaum einen Fuß vor den anderen setzen konnte. Der Mann, der mein Zögern bemerkte, flüsterte mir ein paar aufmunternde Worte ins Ohr – und ich zwang mich loszugehen.

Es war immer noch sehr früh am Morgen. Die Straßen lagen verlassen da, und die wenigen Leute, die wir sahen, eilten zur Arbeit und hatten Angst, dass das Heulen der Sirenen sie auf der Straße überraschen würde, so wie es in letzter Zeit mehrmals täglich geschah. Wir sahen ziemlich viele deutsche Soldaten, die zu Fuß oder in Autos unterwegs waren. Ich war sehr traurig, und mich überkam ein beklemmendes Gefühl, das nicht nachlassen wollte.

Als wir in den Zug stiegen, kam mir die Situation allzu bekannt vor: Wir saßen allein, von unserem Begleiter getrennt, taten so, als wäre es unser gutes Recht, hier zu sitzen – so wie bei unserem ersten, fehlgeschlagenen Fluchtversuch. Der Unterschied zu den beiden vorangegangenen Fahrten aber war, dass wir nicht befürchteten, man würde uns fassen. Unzählige Menschen verließen die Hauptstadt, um sich vor den Bombardements in Sicherheit zu bringen. Viele Nichtjuden fuhren zu Verwandten aufs Land oder schickten zumindest ihre Kinder dorthin. Und da man annahm, dass auch wir nur den Bomben entkommen wollten, beachtete uns niemand. Wir machten die lange Reise in einem überfüllten Zug und stiegen am letzten Halt vor der Grenze aus.

Der Mann sagte, dass wir uns sofort auf den Weg zur Grenze machen müssten, und ich fragte ihn, warum wir nicht warteten, bis es dunkel würde. Aber er beruhigte mich und erklärte, dass die Deutschen alle verfügbaren Truppen, auch die Reservekräfte, an die Front geschickt hätten, so dass sie nicht genug Leute hätten, um die Grenzen zu bewachen. Über die Grenze zu kommen sei daher kein Problem. Er hatte

Recht. An der Stelle, an der wir uns befanden, verlief die Grenze durch ein freies Feld, das wir überquerten, ohne jemanden zu Gesicht zu bekommen und ohne aufgehalten zu werden.

Der nächste Bahnhof, den wir erreichten, befand sich in der Slowakei. Ich war aufgeregt: Bald würde ich Mutter und Vater wiedersehen, nach fast einem halben Jahr. Meine kleine Schwester, die jetzt acht war, und unser Cousin blieben dicht bei mir. Nach einer kurzen Fahrt erreichten wir am frühen Nachmittag die Stadt Nitra in der Westslowakei, in der meine Eltern Unterschlupf gefunden hatten, als die verbliebenen Juden der Ostslowakei evakuiert wurden. Im Vergleich zu Budapest, einer Stadt mit schönen breiten Boulevards und prächtigen hohen Häusern, wirkte Nitra heruntergekommen und trostlos – wie eine langweilige Provinzstadt eben. Die Häuser waren höher als in meiner Heimatstadt, doch insgesamt sah alles sehr gewöhnlich aus.

Der Mann führte uns in eine Nebenstraße, und bald erreichten wir ein einstöckiges Haus mit mehreren Wohnungen. Wir gingen durch den Hauseingang in einen quadratischen Hof. Der Mann klopfte an eine Wohnungstür. Jemand öffnete sie langsam, zögernd – und da stand Vater! Er schrie vor Freude laut auf, streckte die Arme aus, umarmte uns alle und rief nach Mutter.

Ich spürte Freude und Entsetzen zugleich. Vater sah sehr schäbig aus. Er war unrasiert und trug ein seltsames Barett, und seine Hose wurde von Hosenträgern gehalten. So hatte ich ihn nicht in Erinnerung, und sofort spürte ich Mitleid mit ihm. Wir gingen schnell hinein, und erst dann sah ich Mutter und Rachel. Diesen Moment werde ich nie vergessen. Mutter saß auf einem Stuhl, starrte ins Leere, als verstünde sie nicht, was um sie herum vorging. In meiner Erinnerung war sie kräftig gebaut und trug stets ein Kopftuch, doch jetzt sah ich eine extrem gealterte Frau – sie war damals erst vierundvierzig Jahre alt.

Ihr Kopf war unbedeckt, das Haar ungekämmt, sie war dünn und blass und trug Kleider, die ihr viel zu groß waren.

Neben ihr stand Rachel, die ich kaum wiedererkannte. Sie war in den vergangenen sechs Monaten sehr gewachsen, war dünn und wirkte verängstigt. Mutter stand nicht einmal auf, als wir hereinkamen. Später erfuhr ich, dass sie wegen ihrer Depressionen Tabletten nahm, die ihre Wahrnehmung trübten.

Ich sah mich in der Wohnung um, in der meine Eltern und meine Schwester lebten. Sie bestand aus einem einzigen Raum, kaum neun Quadratmeter groß, und hatte keine Waschgelegenheit. Die Einrichtung bestand aus zwei Betten, einem kleinen wackligen Tisch und zwei Stühlen. In einer Ecke standen zwei Kisten, in denen die wenigen Kleidungsstücke und anderen Dinge verstaut waren, die sie von zu Hause mitgebracht hatten. Die Wohnung war für uns alle viel zu klein, und die Beengtheit machte mich unruhig. Verzweiflung überwältigte mich beim Anblick dieser elenden Behausung meiner Familie, und ich begann laut zu schluchzen. Ich weinte um meine Eltern, ich beweinte mich selbst und mein Schicksal, weil ich ein schönes, geordnetes Zuhause verlassen hatte und nun in dieser scheußlichen Armut leben musste. Ich weinte lange und vergaß alle um mich herum.

Schnell bekam der Mann, der uns gebracht hatte, sein Geld und verschwand. Nach und nach beruhigte ich mich. Wir setzten uns hin, um zu reden. Jetzt weinte Mutter leise vor sich hin. Vielleicht hatte unsere Rückkehr sie dazu gebracht, die Realität ein wenig klarer zu sehen. Ihre Mädchen waren nun alle wieder wohlbehalten bei ihr. Wenige Tage später erfuhr ich, dass Mutter in der ganzen Zeit unserer Abwesenheit nie aufgehört hatte, sich Vorwürfe zu machen, weil sie der Trennung zugestimmt hatte, und dass sie dadurch ihren Lebenswillen verloren hatte.

Weil wir zu sechst keinen Platz in der engen Wohnung hatten, schickte Vater unseren Cousin Simon in ein Waisenheim der jüdischen Gemeinde.

In Nitra blieben wir von Ende Mai bis zum 7. September 1944. Mutter und Vater arbeiteten manchmal in ihren Berufen, und wenn das nicht möglich war, suchten sie sich irgendeine andere Arbeit. Fast täglich hörten wir, dass die Deutschen sich an allen Fronten zurückzögen und dass der Tag der Rettung nahe sei. Gelegentlich gab es sogar Bombenangriffe, und wir mussten in den Keller flüchten. Jeden Tag warteten wir auf das Wunder, das uns von unserem Leid erlösen würde, aber es kam nicht.

In Nitra gingen wir nicht zur Schule. Im ganzen Land kämpften die Partisanen gegen die faschistische Regierung. Einige Juden schlossen sich den Partisanen an, die von den Alliierten unterstützt wurden. Alle hofften und wollten glauben, dass der Krieg bald vorbei und wir gerettet wären. Aber dann kam jener schreckliche Tag, der 7. September, und alle unsere Hoffnungen wurden zerstört. Die neue Bedrohung unseres Lebens kam wie ein plötzlicher Sturm, ohne Warnung. Und diesmal gab es keine Schlupflöcher – keine vorgetäuschte oder echte Konvertierung, kein Geld, keinen Status, keinen unentbehrlichen Beruf, nicht einmal hilfreiche Beziehungen zu wichtigen Personen. Diesmal waren alle Juden gleich: Alle waren zum gleichen bitteren Ende verdammt …

Der letzte Transport

7. September 1944, morgens. Vater war in die Synagoge gegangen, so wie jeden Tag. Als er zurückkam, bemerkte ich, dass er anders aussah als sonst. Sein Hut saß schief, er wirkte nervös und besorgt. Er flüsterte meiner Mutter etwas zu, und an ihrer Reaktion konnte ich erkennen, dass er schlechte Nachrichten brachte. Unsicher ging Vater in die kleine Kochecke und goss sich eine Tasse Kaffee aus der Kanne ein, die Mutter für ihn bereitgestellt hatte. Er wusch sich die Hände und schnitt sich eine Scheibe Brot ab. Dann setzte er sich auf einen der wackligen Stühle, segnete das Brot, biss ein Stück ab und schlürfte laut seinen Kaffee, wobei er die ganze Zeit irgendwohin sah, als traute er sich nicht, Mutters Blick zu begegnen.

Mutter starrte ihn eine Weile ungläubig an, dann schrie sie: »Wir werden sterben, und du sitzt hier und trinkst Kaffee, als sei nichts passiert?!«

Vater sagte nichts und trank weiter seinen Kaffee. Ich bekam eine Gänsehaut angesichts seiner Gelassenheit und fragte ihn, was geschehen sei. Denn obwohl ich erst vierzehn war, behandelten meine Eltern mich wie eine Erwachsene, und ich hatte gewiss bewiesen, dass man mir trauen konnte. Vater sagte nur, er habe in der Synagoge gehört, dass die Deutschen, obwohl sie an allen Fronten geschlagen würden, nicht die Absicht hätten, die Juden fortan zu verschonen. Sie würden an ihrem Plan, die Juden in dem von ihnen besetzten Teil Europas zu vernichten, festhalten. In der Slowakei würden ihnen dabei die einheimischen Helfer zur Hand gehen. Sie wollten die restlichen Juden nun schnellstmöglich deportieren. Alle Juden hätten ihre Sachen zu packen und sich zum Transport zu melden. Das würde das Ende der kleinen Gemeinde sein, die bis jetzt die vielen Wendungen des Schicksals überlebt hatte. Die überlebenden slowakischen Juden würden in die Lager im Osten geschickt werden. Viel später erfuhr ich, dass die Repressalien gegen die Juden vor allem wegen des wachsenden Widerstands der Partisanen gegen die deutsche Invasion der Slowakei am 29. August 1944 verstärkt wurden.

Vater, mit seiner Erfindungsgabe und seinem unerschütterlichen Glauben, weigerte sich jedoch abermals, klein beizugeben. Er würde sich nicht zur Schlachtbank führen lassen; es sei seine Pflicht, seine Familie zu beschützen. Obwohl die Lage düster und aussichtslos schien und die inzwischen fast drei Jahre anhaltende Zeit des Fliehens und Versteckens uns alle erschöpft hatte, heckte Vater einen neuen Plan aus. »Kommt, wir verstecken uns im Holzschuppen hinten im Hof. Dort werden sie uns nicht finden. Wir werden dort die nächsten paar Stunden abwarten und dann sehen, was wir als Nächstes tun. Mädchen, ihr werdet absolut still sein müssen, damit wir nicht entdeckt werden und damit wir hören können, was draußen vor sich geht.«

Mutter, wie immer skeptisch, hatte ihre Zweifel. Diesmal gebe es kein Entrinnen, sagte sie. Warum sollten wir uns in dem dunklen Holzschuppen verstecken? Wir würden bei der Durchsuchung der Häuser so oder so gefunden werden. Und wenn wir wie durch ein Wunder nicht entdeckt würden, was käme dann? Wo könnten wir hin? Mutter und Vater machten sich auch Sorgen um das Schicksal unseres Cousins Simon, der mit den anderen Flüchtlingen unter dem Schutz der Gemeinde stand. Würde er deportiert werden oder würde er versuchen zu fliehen, trotz seines jugendlichen Alters? Erst nach dem Krieg erfuhren wir zu unserer großen Erleichterung, dass es ihm gelungen war, mit Hilfe eines älteren Jungen zu entkommen und sich zu seiner Familie nach Budapest durchzuschlagen.

Vater schaffte es schließlich, Mutter zu überzeugen, dass man seinem Plan zumindest eine Chance geben müsste. Wir zogen schnell unsere Mäntel an und stopften ein paar warme Sachen und Essen in eine Tasche. Die kleine Miriam klammerte sich an ihre neue Gummipuppe wie an einen Rettungsanker. So ausgerüstet, rannten wir zum Holzschuppen und schlossen uns dort ein. Wir setzten uns auf einen breiten Balken. Im Schuppen war es dunkel. Es gab keine Fenster, und nur die Ritzen in den Bretterwänden ließen etwas Luft herein.

Bald hörten wir im Hof Menschen herumrennen und schreien. Durch die Ritzen sahen wir unsere Nachbarn, die ziellos hin und her liefen. Alle trugen Rucksäcke und beratschlagten, was sie mitnehmen sollten. Dann kamen die Männer der Hlinka-Garde und stießen und schubsten die Menschen auf die Straße. Der Hof leerte sich binnen weniger Minuten, eine seltsame Stille senkte sich herab, und ein einsamer Polizist ging von einer Wohnung zur anderen und versiegelte die Türen, so wie sie es überall machten, wenn sie Menschen aus ihren Wohnungen geholt hatten.

Wie benommen hockten wir eng aneinander geschmiegt auf dem Balken. Vater hatte angefangen, eine Wand aus Holzscheiten zwischen uns und der Tür aufzuschichten, die uns verdecken sollte, falls jemand plötzlich die Schuppentür öffnete. Wir hielten uns an den Händen, flüsterten ein wenig miteinander und standen nur auf, wenn sich einer von uns in der Ecke des Schuppens erleichtern musste.

Die Stunden vergingen. Langsam ging die Sonne unter. Schräge Strahlen stachen durch die Ritzen in der Wand und erhellten den kleinen Raum. Kein Laut war zu hören. Wir wussten, dass sie alle Juden unseres Hofes, die nicht geflohen waren, mitgenommen hatten. Es gab nur eine nichtjüdische

Familie in dem »Judenhof«. Und wir fragten uns, wie ihr wohl zumute war, jetzt, da sie ganz allein in dem großen Hof wohnte. Ihre Wohnung lag dem Holzschuppen direkt gegenüber, und wir konnten sehen, dass sie aus dem Fenster schauten, hin und wieder die Tür öffneten, kurz hinaustraten und sofort wieder hineingingen. Mit anzusehen, wie die Juden zusammengetrieben wurden, schien sie bestürzt und aufgeregt zu haben. Sie hatten weder protestiert noch ihren Nachbarn Mut zugesprochen. Sie hatten sich noch nicht einmal von ihnen verabschiedet. Sie waren in ihrer Wohnung geblieben, aus Scham, aus Angst oder aus Gleichgültigkeit.

Es war klar, dass wir ohne Verpflegung und ohne Hilfe von außen nicht in dem Holzschuppen bleiben konnten. Außerdem war uns klar, dass der Schuppen mit an Sicherheit grenzender Wahrscheinlichkeit durchsucht werden würde. Also folgten wir Vaters Anweisung und wagten uns hinaus, sogar noch vor Einbruch der Dunkelheit, machten uns auf den Weg zu unseren nichtjüdischen Nachbarn und klopften an ihre Tür. Sie waren sprachlos, als wir vor ihnen standen, und sahen uns mitleidig und besorgt an. Vater fragte, ob wir bei ihnen bleiben könnten, nicht länger als eine Nacht, aber sie schlugen uns die Tür vor der Nase zu.

Daraufhin liefen wir eiligst in Richtung des großen Waldes am Stadtrand. Die Straßen waren fast leer. Die wenigen Menschen, denen wir begegneten, mussten gesehen haben, dass wir Juden waren, doch glücklicherweise hielt uns niemand auf. Sie gingen alle ihren Geschäften nach oder taten so, als sähen sie uns nicht. Plötzlich tauchte wie aus dem Nichts ein junger Mann in Polizeiuniform auf einem Fahrrad vor uns auf. Er stieg direkt vor uns ab. Unsere Herzen hämmerten wie wild: Wir waren verloren! Doch zu unserer Überraschung lächelte der junge Mann uns an und sagte: »Kinder, rennt, rennt, flieht, habt keine Angst.« Dann stieg er auf sein Rad und fuhr weiter. Seine Worte machten uns Mut, und wir rannten noch schneller. Ich erinnere mich immer noch genau an seine herzerwärmenden und aufbauenden Worte, und ich glaube, dass diese Begegnung ein Zeichen des Himmels war.

Am Stadtrand angekommen, standen wir vor einem großen Kornfeld. Die Ähren leuchteten rotgolden in der untergehenden Sonne, und die Halme raschelten in der sanften Brise. Ich betrachtete diese pastorale Szenerie und dachte, dass unsere Situation so gar nicht dazu passte und vielleicht sogar absurd war: Alles war ruhig und friedlich, und nur wir waren aufgeregt und in Eile, rannten durch das Feld. Das Getreide war hoch und dicht, so dass wir uns gut darin verstecken konnten. Die Ähren trugen saftige reife Körner, und morgen oder übermorgen würde man mit der Ernte beginnen. Wir strichen mit den Händen über die Ähren, pflückten einige und aßen die Körner. Sie schmeckten gut, und wir aßen, bis wir satt waren. Vater drängte uns, tiefer in das Feld hineinzugehen; hier wollten wir auf die Dunkelheit warten, und dann würden wir in den Wald gehen.

Plötzlich hörten wir entfernte Rufe, die lauter wurden, als sie näher kamen. Als wir durch die Halme spähten, sahen wir Polizisten.

»Alle Juden, die sich im Kornfeld verstecken, sofort rauskommen!«, schrie jemand. Dann Stille. Niemand gehorchte. Plötzlich wurde geschossen. Wir erstarrten. Dann hörten wir ein Rascheln, das Geräusch von Füßen, die Halme niedertraten, angstvolles Flüstern. Schemenhafte Gestalten durchfurchten links und rechts von uns das Getreide, bewegten sich in Richtung Feldrand. Wir hörten, wie die Menschen im Flüsterton miteinander diskutierten. Manche dachten offenbar, dass es besser wäre, sich der Polizei zu ergeben, in der Hoffnung, nicht getötet zu werden, selbst wenn das bedeutete, in ein Arbeitslager gebracht zu werden, als hier im Getreidefeld erschossen zu werden.

Wir waren ebenfalls drauf und dran, uns zu ergeben, weil

wir Angst hatten, erschossen zu werden, aber dann schüttelte Vater entschlossen den Kopf und bedeutete uns, still zu sein und uns nicht zu bewegen. Wir spähten durch die Halme und sahen mehrere Juden, die ebenfalls stillhielten und abwarteten, was passieren würde. Einen Moment lang war alles ruhig. Verzweiflung befiel mich. Wir saßen in der Falle und waren verloren.

Plötzlich wurde die Stille wieder durch laute Warnschreie und Gewehrsalven unterbrochen. Weitere Menschen ergaben sich und wurden nach einer Weile von ihren Häschern abgeführt. Ich kniff die Augen zu, weil ich es nicht sehen wollte. Mir war klar, dass jeder, der sich aus dem Kornfeld wagte, auf der Stelle erschossen werden würde. Ich war ungeheuer erleichtert, als die Polizisten endlich abzogen. Wir kauerten uns weiter im Feld zusammen, schweigend und zitternd, zum Teil aus Furcht, zum Teil vor Kälte. Miriam weinte, aber Vater hatte seine Hand auf ihren Mund gelegt, damit sie uns nicht verriet. Als die Stimmen in der Ferne verklangen und wieder Stille herrschte, sagte Vater, dass wir sofort in den Wald gehen müssten, noch vor Einbruch der Nacht, weil wir sonst nicht sähen, wo wir hintreten würden.

Mehr als ein halbes Jahrhundert ist seit jenem schicksalhaften Herbsttag vergangen, an dem wir alle wie durch ein Wunder entkamen, und ich kann immer noch nicht begreifen, was damals geschah. Wieso hat Vater sich mit uns in dieses gefährliche Abenteuer gestürzt? War er ein Held? Oder war er so unbedarft, dass er sich der Gefahren nicht bewusst war? Vielleicht folgte er seinem Instinkt, wie ein gejagtes Tier, das um sein Leben rennt. Schließlich hatte unsere Flucht kein bestimmtes Ziel, und die meiste Zeit wussten wir nicht, wo wir waren, da wir die Gegend nicht kannten. Wir besaßen fast nichts von dem, was wir zum Überleben brauchten, und doch führte dieser Mann seine Frau und seine drei Töchter nach »Nirgendwo«. Wie sah sein Plan aus?

Wahrscheinlich hatte er gar keinen Plan, sondern lief einfach weiter, wie in Trance. Wusste er, wo wir das Haupt in jener Nacht im Wald betten und welche Gefahren dort lauern würden? Hatte er daran gedacht, was wir essen und wie wir uns gegen die Kälte schützen sollten? Vater hatte die Last der Verantwortung auf sich genommen. Wir rannten mit ihm los wie wilde Tiere, die von einem Raubtier verfolgt wurden, die Gefahr witterten und ein Versteck suchten. Vater war kühn genug, seine Familie ins Ungewisse zu führen, mit dem einen Ziel: zu überleben.

Endlich erreichten wir den Waldrand. Inzwischen war es fast ganz dunkel geworden. Die Bäume sahen düster und furchterregend aus, und der Boden war mit Laub bedeckt. Nach einiger Zeit, noch ehe es stockdunkel wurde, kamen wir an eine große Lichtung. Vater sammelte abgebrochene Äste, und wir halfen ihm, indem wir kleine Steine beiseite warfen. Als wir fertig waren, hatten wir einen nahezu ebenen Platz, auf dem wir uns hinlegen und lang ausstrecken konnten. Vater sagte, wir sollten uns aneinander schmiegen, um uns zu wärmen, und dass uns der Blätterteppich als Bett und Bettdecke dienen würde. Rachel, Miriam und ich legten uns auf die Erde und deckten uns mit unseren Mänteln zu, während Mutter und Vater uns mit Blättern überhäuften. Ich sah hoch in die Zweige, die sich im Wind bewegten, und meine Augen folgten den fallenden Blättern, die der Wind herumwirbelte, ehe sie sanft zur Erde schwebten.

Zutiefst erschöpft von den Ereignissen des Tages, sanken wir fast sofort in einen tiefen Schlaf. Zu unserem Erstaunen wärmten uns die Blätter ebenso gut wie eine Decke, und ich schlief die Nacht durch, ohne ein einziges Mal aufzuwachen. Ich weiß nicht, ob auch Mutter und Vater in jener ersten Nacht im Wald geschlafen haben. Ich habe sie nie gefragt. Am nächsten Morgen weckte mich das Gezwitscher der Vögel. Die Strahlen der Sonne kämpften sich durch die dichten

Baumkronen. Ab jetzt, fühlte ich, würde unser Leben anders sein – wir waren wie wilde Tiere, die vor den Jägern flüchteten.

Wie Hänsel und Gretel

»Großmama, wie habt ihr denn im Wald gelebt?«, fragte Omer, die wissen wollte, wie es weiterging. »Was habt ihr gegessen, und wie habt ihr den Weg gefunden? Es war doch bestimmt ein bisschen unheimlich, nachts draußen zu schlafen und im Wald herumzulaufen, ohne ein Ziel vor Augen. Seid ihr von Tieren angefallen worden?«

»Du möchtest also wissen, wie wir im Wald zurechtgekommen sind und wie lange wir dort waren. Es tut mir Leid, Omer, aber das kann ich dir nicht sagen. Die ganze Zeit, die wir im Wald verbrachten, kommt mir vor wie ein Traum. Heute kann ich mir sogar kaum noch meine große Angst vorstellen, die ich damals in dem finsteren Wald verspürte. Als wir uns später über diese Zeit unterhielten, schätzten wir, dass wir etwa zehn bis vierzehn Tagen in jenem Wald zugebracht hatten. Keiner von uns kann sich genau daran erinnern, weil die Tage und die Umgebung immer gleich waren und die Zeit stillzustehen schien. Wir hatten großes Glück, dass es damals in den ersten Septembertagen nicht regnete und der Boden, auf dem wir unsere ›Betten‹ machten, noch nicht gefroren war. Aber nun will ich dir deine Frage wenigstens teilweise beantworten …«

Der Wald schien endlos zu sein. Wir bahnten uns einen Weg zwischen den Sträuchern und Bäumen, und hin und wieder kamen wir zu einer Lichtung. Die Bauern der Gegend nutzten diese Freiflächen für den Anbau von Getreide und Gemüse. Wir suchten die Lichtungen nach Gemüse ab. Meist fanden wir ein paar Tomaten, einen Kohlkopf, ein paar saftige Gurken oder wilde Erdbeeren, unser Hauptnahrungsmittel. Im Wald hatten wir nur ein Ziel: uns so weit wie möglich von Nitra zu entfernen und in eines der am Waldrand gelegenen Dörfer zu gelangen. Wir gingen langsam, wagten uns hin und wieder auf eine dieser Lichtungen, um uns zu stärken, dann huschten wir in den Schutz der Bäume zurück. Manchmal kamen wir zu einem Rinnsal und konnten unseren Durst löschen.

Wenn wir uns durch den dichten Wald schlugen, hielten wir nach Stellen Ausschau, an denen die Sonne durchkam, Lichtschneisen bahnte und Wärme verbreitete. Dort machten wir Rast. Wir lauschten dem Gezwitscher der Vögel, beobachteten sie aufmerksam und schlossen aus ihrem Verhalten, dass sie sich auf ihre Reise gen Süden vorbereiteten. Wenn es dämmerte, ließen sich ganze Schwärme in den Baumkronen nieder und zwitscherten im Chor. Wir lagerten auf dem Waldboden und sahen ihnen zu, wie Zuschauer eines Theaterstücks, und wir vergaßen dabei fast, wo wir uns befanden. Manchmal beobachtete ich wütende Kämpfe zwischen ihnen, wenn zum Beispiel ein Vogel ein Samenkorn gefunden hatte und ein anderer ihn angriff und versuchte, ihm das Bröckchen aus dem Schnabel zu stehlen. Wenn der erste Vogel sich wehrte, begann ein Kampf, das Samenkorn ging zwischen den Vögeln hin und her, und ich drückte demjenigen Vogel die Daumen, der es als Erster gefunden hatte, hoffte, er würde es hinunterschlingen, ehe der Angreifer es stahl. Manchmal verloren alle beide gegen einen dritten Vogel, und dann sahen die ersten beiden Kontrahenten sich an, als wollten sie sagen: »Wie schade, dass wir uns gestritten haben, jetzt haben wir beide verloren.«

Manchmal sahen wir Eichhörnchen zwischen den Bäumen herumspringen. Wenn wir länger an einer Stelle blieben, um uns auszuruhen, gewöhnten sich die Eichhörnchen an uns und wurden so mutig, dass sie näher kamen. Insekten und Schmetterlinge in herrlichen Farben schwirrten zwischen den

Bäumen herum. Hin und wieder tauchten Nachttiere auf – Kriechtiere und Nager – und erschreckten uns fast zu Tode. Der Tag war voller Geräusche, aber nachts, wenn es pechschwarz war und die Vögel nicht mehr zwitscherten und nur der Wind durch die Zweige pfiff und uns etwas ins Ohr murmelte, ergriff uns eine unkontrollierbare Angst. Wir fürchteten, dass sich jemand plötzlich im Dunkeln auf uns stürzen und uns etwas zuleide tun würde. Ich weiß nicht, was mir mehr Angst machte – die Tiere des Waldes oder die Möglichkeit, dass ein Gardist uns aufspürte.

Eines Tages, als wir im Gänsemarsch hintereinander hergingen – Vater vorneweg und Mutter hintendrein –, hörten wir Stimmen, die näher kamen. Es war bereits zu spät, eine andere Richtung einzuschlagen und zu fliehen. Wir waren kurz davor, entdeckt zu werden. Schnell einigten wir uns darauf zu behaupten, dass wir einen Ausflug machten, um Beeren zu suchen.

Drei junge Leute tauchten zwischen den Bäumen auf, eine Frau und zwei Männer. Dann erkannten wir die junge Frau – sie war eine Jüdin aus Nitra. Wir atmeten alle erleichtert auf. Sie lächelten uns an, zuerst nervös, dann bald entspannter. Sie waren überrascht, mitten im Wald auf eine Familie mit Kindern zu stoßen, und fanden es sehr mutig, dass wir uns hier versteckten.

Sie hätten sich als Nichtjuden verkleidet und sich falsche Papiere beschaffen können, erzählten sie, und manchmal würden sie für die Bauern Gelegenheitsarbeiten verrichten. Sobald jemand Verdacht schöpfte, waren sie immer schnell weg, ehe es zu spät war, und sie versuchten jetzt, sich zu den Partisanen in den Bergen durchzuschlagen. Sie wussten, dass ein langer und gefährlicher Weg vor ihnen lag. Vaters Vorschlag, sich ihnen anzuschließen, wiesen sie entschieden zurück – denn die Partisanen lebten unter harten Bedingungen und würden keine Familie mit Kindern akzeptieren.

Wir trennten uns unter Tränen, wünschten uns gegenseitig viel Glück und Erfolg. Als die drei jungen Leute in der Tiefe des Waldes verschwunden waren und die Stille noch bedrohlicher wurde, fühlte ich mich wieder allein. Ich hatte das Gefühl, mit meiner Familie in der Falle zu sitzen. Wie sollten wir uns weiterhin im Wald verstecken, ohne Verpflegung und die anderen Dinge, die wir zum Überleben brauchten? Wir schienen im Kreis zu laufen, ziellos unseren eigenen Spuren zu folgen, immer wieder dieselben Bäume zu sehen und sogar dieselben Lichtungen – ohne ein Licht am Ende des Tunnels. Aber Vater, der unseren Weg nach dem Stand der Sonne berechnete, nach ihrem Auf- und Untergang, war sicher, dass wir auf die Dörfer zusteuerten. Und auch wenn wir Zweifel an seinem Orientierungssinn hatten, blieb uns unter diesen Umständen keine andere Wahl, als ihm zu vertrauen.

So »näherten« wir uns dem »Nirgendwo«. Eines Tages entdeckten wir eine große Lichtung, die mit Gras bewachsen war. Durch die Bäume schien es uns, als würde sich etwas auf dieser Lichtung bewegen. Als wir näher kamen, sahen wir eine braune Kuh, die träge wiederkäuend dastand, und neben der Kuh eine Bäuerin in einem weiten dunklen Rock und mit einem schwarzen Kopftuch, das sie unter ihrem Kinn zusammengebunden hatte. In der einen Hand hielt sie einen langen Stock, und mit der anderen Hand stützte sie sich auf einen Eimer mit Milch. Sie schien darauf zu warten, dass die Kuh zu kauen aufhörte.

Mutter beschloss sofort, allein zu ihr zu gehen und sie um etwas Milch zu bitten. Sie näherte sich der Frau, und wir beobachteten sie mit angehaltenem Atem.

Als die Bäuerin Mutter plötzlich auf die Lichtung treten sah, erschrak sie. »Jesus und Maria, wer bist du, und wo kommst du her?«

Mutter antwortete ihr auf Ungarisch, hoffend, dass sie sie verstehen würde, denn sie wusste, dass einige Menschen in dieser Gegend der Slowakei Ungarisch sprachen. »Bitte, hilf mir. Gib mir etwas Milch für meine Kinder. Gott wird es dir vergelten.«

Die Frau wich zurück, sichtlich verstört. Sie sah sich verwirrt um, aber konnte offenbar Mutters flehenden Augen nicht widerstehen und goss zwei Tassen Milch in eine Schüssel. In gebrochenem Ungarisch wiederholte sie ständig: *»Fele, fele melonek.«* (»Ich Angst, sie schießen mich.«)

Offensichtlich überrumpelt von dieser völlig unerwarteten Begegnung, schüttelte die Frau immer wieder den Kopf, als wollte sie ihren Augen nicht trauen, und blieb wie angewurzelt stehen, nachdem Mutter im Wald verschwunden war, wo wir auf sie warteten. Nach einer Weile sahen wir, wie sie die Kuh schnell in die entgegengesetzte Richtung scheuchte, als wären Dämonen hinter ihr her.

Die frische Milch war einfach köstlich. Früher waren wir verwöhnte kleine Mädchen gewesen, wir waren wählerisch, und Milch mochten wir überhaupt nicht. Doch jetzt hatten wir großen Hunger, der Duft der Milch ließ uns das Wasser im Mund zusammenlaufen, und wir tranken schnell und gierig.

Am nächsten Tag sahen wir endlich die Häuser eines Dorfes. In der Hoffnung, dort etwas Essbares aufzutreiben, beschleunigten wir unsere Schritte. Es war schwer, die Entfernung bis zum Dorf abzuschätzen. Wir überlegten laut. Wie sollten wir jetzt vorgehen? Welche Zeit war am geeignetsten, ins Dorf zu gehen und zu versuchen, Lebensmittel zu kaufen? Und wer sollte die Aufgabe übernehmen? Mutter und Vater zermarterten sich die Köpfe, und schließlich deutete Vater auf mich und sagte: »Du bist schon ein großes Mädchen. Ich werde dir Geld geben und dir den Weg zum Dorf zeigen. Wenn du dort bist, sieh dich nach dem Kaufmannsladen um« – in jedem Dorf gab es einen, mochte es noch so klein sein – »und kauf so viel zu essen ein, wie du für das Geld bekommen kannst.«

Mutter widersprach heftig: »Die vielen Tage im Wald haben dich verwirrt! Wie kannst du es wagen, überhaupt nur daran zu denken, das Mädchen allein ins Dorf zu schicken? Du schickst sie geradewegs ins Verderben! Nein, sage ich.«

Selbstverständlich wäre Vater selbst losgezogen, wenn sein Äußeres ihn nicht sofort verraten hätte; und da Mutter die Landessprache nicht ausreichend beherrschte, fiel die Wahl auf mich.

Als Mutter und Vater endlich ihren Streit beigelegt hatten, war es zu spät, den Plan noch am selben Tag in die Tat umzusetzen. Es wurde bereits dunkel. Aber am nächsten Morgen war es so weit. Ich gab mir Mühe, Mutter aufzumuntern, versicherte ihr, dass es mir leicht fallen würde, Essen für uns alle zu bekommen.

Arme Mutter, sie hatte immer Angst. Selbst in weniger gefährlichen Situationen wollte sie uns immer mit aller Macht beschützen. Und was für eine schwierige Prüfung das Schicksal diesmal für sie bereithielt! Sie musste ihre Einwilligung zu diesem äußerst riskanten Abenteuer geben. Ihre Tochter entfernte sich aus ihrem Blickfeld, entzog sich ihrer Kontrolle, und vielleicht würde sie einem Gardisten in die Arme laufen, vielleicht kehrte sie nie zurück! Doch da sie keine andere Möglichkeit sah, gab sie unseren flehentlichen Bitten nach, wenn auch schweren Herzens.

Ich machte mich auf den Weg zum Waldrand, mit dem Geld, das Vater mir in die Manteltasche gesteckt hatte. Wie in dem Märchen von Hänsel und Gretel, die Brotkrumen auf den Weg streuten, um wieder nach Hause zu finden, beschloss ich, mir die Bäume und Steine einzuprägen, an denen ich vorbeikam, um zurückzufinden. Am Waldrand sah ich ein weites Feld vor mir liegen. Ich musste mir sicher sein, die Stelle wiederzufinden, an der ich auf dem Rückweg in den Wald huschen musste. Ich drehte mich um, betrachtete den dichten, dunklen Wald, in dem alle Bäume gleich aussahen, versuchte, irgendetwas Auffälliges oder Ungewöhnliches zu entdecken, etwas, das ich leicht wiedererkennen könnte. Dann bemerkte ich einen Baum, der sich von den anderen deutlich unterschied: Seine Krone war besonders mächtig, und sein Stamm war so dick, dass drei Leute mit ausgebreiteten Armen ihn nicht hätten umspannen könnten. Mit einem scharfen Stein ritzte ich eine runde weiße Markierung in die Borke, in der Hoffnung, den riesigen Baum auf diese Weise wiederzuerkennen, wenn ich aus dem Dorf zurückkam. Vor dem Baum legte ich auch noch ein paar Steine zu einem kleinen Haufen zusammen. Als ich weiterging, ließ ich in unregelmäßigen Abständen Tannenzapfen fallen und betete, dass ich den Weg wiederfinden würde. Die ganze Zeit dachte ich daran, wie gut es war, dass es Kindermärchen gab, wie glücklich ich mich schätzen konnte, mich an sie zu erinnern und mir einige ihrer Weisheiten zunutze zu machen.

Als ich den Wald hinter mir gelassen hatte, ging ich schnell weiter, ich fühlte mich schrecklich allein und machte mir immer größere Sorgen, dass ich an meiner Aufgabe scheitern würde. Einen Moment lang überlegte ich sogar zurückzugehen, aber ich war mir der großen Verantwortung, die man mir übertragen hatte, bewusst und ging weiter. Ich kam zum Dorf und lief die ungepflasterte Hauptstraße entlang. Zu beiden Seiten standen kleine, niedrige Häuser. Die meisten waren mit Stroh gedeckt, aber einige hatten auch Ziegeldächer, und die Gärten waren eingezäunt. In einem Garten war eine Frau. Sie sah mich neugierig an, und als ich sie nach dem Kaufmannsladen fragte, hatte ich das Gefühl, dass sie wusste, dass ich Jüdin war. Aber sie sah mich nur an und zeigte auf den Laden, der ganz in der Nähe war.

Ich zögerte, das quadratische Holzhaus zu betreten – wieder wollte ich mich umdrehen und wegrennen, so schnell ich nur konnte. Aber ich überwand meine Ängste und stieg die drei wackligen Holzstufen zur Tür hinauf und ging hinein.

Der Laden war klein und dunkel und roch nach Rauch und Gewürzen. Als meine Augen sich an das Dämmerlicht gewöhnt hatten, sah ich einen großen Mann mittleren Alters mit einer Mütze, der hinter dem Ladentisch stand. Neben ihm saß ein Mann auf einem hohen Hocker. Beide sahen mich neugierig an. An den Wänden standen halb leere Regale. Es gab nur sehr wenige Waren. Ich überlegte, was ich kaufen sollte. Würden sie mir mitten im Krieg überhaupt etwas verkaufen? Das meiste war rationiert und konnte nur mit Lebensmittelmarken und Coupons erworben werden, die von den Behörden ausgestellt wurden, und ich hatte natürlich keine Marken.

Der Ladeninhaber lächelte mich aufmunternd an und fragte, was ich wünschte.

»Lebensmittel!«, wollte ich sagen, aber ich wusste, dass ich nach etwas Konkretem fragen musste, also sagte ich: »Könnte ich etwas Brot kaufen, und Butter und Margarine?«

Der Mann ging zu einem Regal und nahm ein großes Brot heraus – ein dunkles, rundes Landbrot. Ohne dass ich ihn darum hätte bitten müssen, legte er, außer der Margarine, noch andere Dinge auf den Ladentisch. Ein großes Stück Weißkäse auf einem Teller, eine Wurst mit einer pergamentartigen Pelle, ein Glas Marmelade. Mit einem Zwinkern sagte der Mann: »Vielleicht möchtest du das auch noch, wenn du es tragen kannst.«

Es war offensichtlich, dass er meine Identität erraten hatte und wusste, dass ich die Nahrungsmittel jemandem bringen würde, der irgendwo auf mich wartete. Er schaute mich freundlich an, und irgendwie wusste ich, dass er mir nichts Böses wünschte – im Gegenteil, er wollte mir helfen. Ich nahm die Wurst hoch und fragte ihn, woraus sie bestand.

»Oh, das ist eine ausgezeichnete Wurst«, sagte er. »Sie ist aus Pferdefleisch.«

Sofort legte ich die Wurst wieder hin. Ich wusste, Pferdefleisch war nicht koscher, deshalb würde es nie auf unseren

Tisch kommen. Vater, der strikt koscher lebte, würde sich weigern, sie auch nur anzufassen, trotz unserer Notlage, und vielleicht würde er sogar seine Töchter davon abhalten, sie zu essen. Ich fragte mich, ob der freundliche Mann vielleicht beleidigt wäre, wenn ich sein großzügiges Angebot ablehnte, und schließlich nahm ich auch die Wurst, trotz meiner Bedenken. Der Preis, den der Mann für die Waren verlangte, kam mir sehr niedrig vor. Ich hatte noch Geld übrig, und so kaufte ich noch ein paar Süßigkeiten. Dann verabschiedete ich mich und ging mit zwei gut eingewickelten, aber schweren Paketen von dannen.

Auf dem Rückweg spürte ich die Augen, die mich hinter zugezogenen Vorhängen und durch die Ritzen in den Gartenzäunen beobachteten. Oder vielleicht bildete ich es mir auch nur ein, weil ich so aufgeregt war. Aber mein Herz floss über vor Glück, hatte ich doch meine Mission erfolgreich ausgeführt. Ich versuchte, so zu gehen, als hätte ich es nicht eilig, aber kaum hatte ich das Ende des Dorfes erreicht, ging ich schneller. Dann rannte ich fast über das weite Feld zum Wald hinüber. Die Päckchen waren schwer, aber ich war voller Stolz und spürte die Last kaum. Es war genug Essen für mindestens drei Tage.

Ich erreichte einen Baum mit weit ausladenden Ästen und war mir sicher, dass ich an dieser Stelle den Wald verlassen hatte. Jetzt würde ich nur noch dem Weg zwischen den Bäumen folgen müssen, um zurück zu meiner Familie zu gelangen. Ich suchte nach den ersten Zeichen – dem Steinhaufen und der Markierung am Baumstamm –, aber ich fand sie nicht. Angst durchzuckte mich: Was, wenn ich den Rückweg nicht fand? Was, wenn das die falsche Stelle war?! Ich ging langsam am Waldrand entlang und suchte alles sorgfältig ab.

Endlich entdeckte ich ein Steinhäufchen. Ich fand den Baum mit der abgeschälten Borke, und mit einem unendlichen Gefühl der Erleichterung ging ich weiter. Alle Zeichen, die ich hinterlassen hatte, fand ich nun, aber als ich bereits eine ganze Weile durch den Wald gelaufen war, wunderte ich mich, dass ich meine Eltern und Geschwister nicht schon längst gefunden hatte. Der Weg kam mir endlos vor, viel länger als vorher. Die Päckchen wogen immer schwerer, und ich hatte Angst, mich verlaufen zu haben und nie mehr zurückzufinden. Plötzlich fielen mir längst vergessene schreckliche Geschichten von Menschen ein, die sich im Wald verirrten und von denen man nie wieder etwas gehört hatte. Mein Mund wurde trocken, Angst schnürte mir die Kehle zu, aber ich ging weiter.

Wenige Minuten später hörte ich ein Geräusch, es klang wie ein Weinen. Langsamen Schrittes ging ich weiter. Was für eine Freude und Erleichterung, als ich die Stimmen meiner Familie erkannte! Ich rannte los, die Zweige schlugen mir ins Gesicht. Ich stolperte und fiel sogar mehrmals hin. Aber als ich sie erreichte, bot sich mir ein schrecklicher Anblick: Vater stand mit hängenden Armen vor Mutter, die weinte und jammerte und ihn mit Fäusten bearbeitete und schrie: »Du hast deine Tochter in den Tod geschickt! Herr im Himmel, warum habe ich zugestimmt? Wir sollten uns ergeben, uns zum Transport melden, denn nur dann werde ich mein Mädchen wiedersehen!«

Dann sahen sie mich und wurden ganz still. Mutter ließ wie benommen die Arme sinken. Vater rannte mit Tränen in den Augen auf mich zu, nahm mir die Päckchen ab, umarmte mich und flüsterte: »Mein Liebling, Gott hat dir befohlen, uns zu helfen, und du warst abermals erfolgreich. Dies ist ein weiteres Zeichen, und wir werden mit Sicherheit das Inferno unbeschadet überstehen.«

Mutter weinte weiter leise vor sich hin, aber diesmal waren es Tränen der Freude und Erleichterung. Auch sie umarmte mich, und dann setzte sie sich hin, sie war vollkommen erschöpft. Vater untersuchte die Päckchen. Als er die Wurst sah, fragte er nichts, aber ich sagte entschuldigend: »Vater, das ist Pferdefleisch, aber es ist Krieg, und Rindfleisch ist schwer zu bekommen.«

Vater sagte nichts, aber er rührte die Wurst nicht an. Wir Mädchen und Mutter verspeisten sie hingegen mit großem Appetit. Dank der Lebensmittel waren wir in der Lage, uns noch ein paar Tage länger im Wald zu verstecken und in die Richtung eines noch weiter entfernten Dorfes zu gehen, von dem Vater gehört hatte.

Abschied vom Leben im Wald

Die Lebensmittel, die ich im Dorf gekauft hatte, waren nach drei oder vier Tagen verbraucht, obwohl wir sehr sparsam damit umgingen. Die Tage wurden kürzer und die Nächte kälter. Wir beschlossen, den schützenden Wald zu verlassen und uns auf den Weg zu einem der Dörfer der Umgebung zu machen, in der Hoffnung, uns dort irgendwo verstecken zu können – und mit etwas Glück einem barmherzigen Bauern zu begegnen. Nur wenn wir einen Menschen trafen, der uns verstecken und nicht den Behörden übergeben würde, hatten wir eine Überlebenschance. Wir wussten sehr genau, dass jeder, der uns versteckte, mit einer harten Bestrafung rechnen musste und sein eigenes Leben sowie die Sicherheit seiner Familie aufs Spiel setzte. Die wenigsten Menschen versteckten Juden, die meisten arbeiteten mit den Nazis zusammen und verrieten die Juden. Die Entscheidung, den Wald zu verlassen, fiel uns daher nicht leicht. Aber wir hatten keine Wahl.

Wir sammelten unsere wenigen Habseligkeiten zusammen und marschierten in die ebene Landschaft, die sich bis zum Horizont erstreckte. Wenn jemand gesehen hätte, wie wir aus dem Wald kamen und vorsichtig in alle Richtungen sahen, wie gejagte Tiere, hätte er sich bestimmt ungläubig die Augen gerieben und sich gefragt, wo diese seltsamen, schäbigen Gestalten plötzlich herkamen und was sie suchten.

Die Sonne ging langsam unter. Wir wanderten auf einer gepflasterten Straße und ließen den Wald noch weiter hinter uns. Als wir bereits eine ziemliche Strecke zurückgelegt hatten, kamen wir zu einer Kreuzung. Welchen Weg sollten wir nehmen? Wir hatten nicht die leiseste Ahnung, wohin die

Straßen führten. Dann erinnerte Vater sich, dass die drei jungen Leute, die wir im Wald getroffen hatten, gesagt hatten, sie würden nach Norden gehen, in der Hoffnung, zu einer Stadt namens Banská Bystrica zu gelangen. Dort hätten die Partisanen die gesamte Gegend unter Kontrolle. Die Bewohner hätten sich den Partisanen angeschlossen. Deren Erfolg bei der Befreiung der besetzten Gebiete von den Deutschen und ihren slowakischen Helfershelfern hatte Tausende junger Menschen angezogen und vielen, die im Untergrund lebten, ermöglicht, wieder aufzutauchen. Auch Juden kamen aus ihren Verstecken. Alle hofften, dass die Partisanen ihre Aktivitäten ausweiten und auch die restliche Slowakei von den Faschisten und den deutschen Besatzern befreien würden.

»Dorthin werden wir gehen«, sagte Vater. »Auch wir werden eine Chance haben, in Freiheit und Sicherheit zu leben.« Er ging los, und wir folgten.

Plötzlich presste sich mir die Brust wie unter einem schweren Gewicht zusammen, und mein Herz fing an zu hämmern. Auch meine Hände und Füße wurden schwer. Ich brach zusammen und setzte mich erschöpft auf einen Felsbrocken neben der Kreuzung. Ich rang nach Luft und wusste nicht, wie mir geschah. Mutter und Vater fragten, was mir fehlte. War ich krank? Ich brach in Tränen aus. Ich war untröstlich. Ich wusste selbst nicht, warum ich weinte, und ich konnte nur flüstern: »Ich will nicht zu den Partisanen. Nicht dorthin, Vater. Lass uns da lang gehen.« Dabei deutete ich in die entgegengesetzte Richtung.

Meine Eltern waren erstaunt. Sie konnten meine eigenartige Bitte nicht verstehen. Sie versuchten, mich zu überzeugen, die von Vater gewünschte Richtung einzuschlagen, aber ich blieb fest und wiederholte immer wieder: »Nein, wir dürfen dort nicht hingehen!«

Ich wusste nicht – und weiß es bis heute nicht –, was in mich gefahren war und warum ich so stur blieb. Als Mutter und Vater merkten, dass sie mich nicht umstimmen konnten und dass ich mich an den Felsbrocken wie an einen Rettungsanker klammerte und mich weigerte, mich vom Fleck zu rühren, schwiegen sie schließlich. Ich sah, dass sich ihre Blicke trafen und sie beide diesen Zwischenfall als Wink des Schicksals deuteten.

1945, nach der Befreiung, erfuhren wir, dass der Aufstand in Banská Bystrica am 27. Oktober 1944 niedergeschlagen worden war. Einige Widerstandskämpfer hatten in die Berge der Zentralslowakei fliehen können, aber die Übrigen waren gefangen genommen, gefoltert und hingerichtet worden. Fast alle Juden, die aus ihren Verstecken gekommen waren und sich den Partisanen angeschlossen hatten, waren exekutiert worden. Kaum einem war es gelungen, mit den Partisanen zu fliehen. Einer der Überlebenden, ein Cousin meiner Freundin Yehudit – ein Junge in meinem Alter, den ich nach dem Krieg kennen lernte –, erzählte, dass seine gesamte Familie, darunter auch Yehudit, vor seinen Augen ermordet wurde. Ihm war es gelungen, sich zu verstecken, und er hatte durch einen Spalt in der Mauer entsetzt mit ansehen müssen, wie sie gefoltert und erschossen wurden.

Wir setzten uns wieder in Bewegung, diesmal in eine andere Richtung. Die Sonne war gerade untergegangen, als wir am Horizont ein Dorf sahen – kleine Häuser zwischen einzelnen Kiefern. Der Ort hieß Cabaj-Čápor, wie wir später erfuhren.

»Dort werden wir unser Glück versuchen«, erklärte Vater.

Als wir uns dem ersten Haus des Dorfes näherten, war es schon völlig dunkel geworden, und nur das Licht, das aus den Fenstern leuchtete, wies uns den Weg. Das Haus stand in einiger Entfernung vom eigentlichen Dorf. Es war klein und bescheiden. Als wir uns näherten, fingen in weiter entfernten Höfen die Hunde zu bellen an.

»Schnell«, drängte Vater uns, »lasst uns anklopfen, ehe die

Dorfbewohner aus ihren Häusern kommen, um zu sehen, warum die Hunde anschlagen.«

Vater klopfte ein paarmal, bis die Tür schließlich geöffnet wurde. In der schwachen Beleuchtung des Eingangs sahen wir einen nachlässig gekleideten jungen Bauern. Er musterte uns neugierig und fragte, was wir wollten. Vater fragte, ob wir eintreten dürften, und der Mann nickte. Er sagte, dass wir ein Versteck suchten, und fragte, ob er uns helfen und uns beherbergen könne. Natürlich würden wir dafür bezahlen.

Das Haus bestand aus einem einzigen Zimmer und war spärlich möbliert. Die junge Frau des Bauern sah nach einem Säugling, der in einer Ecke des Zimmers in einer Wiege lag und schlief. In der Ecke gegenüber stand ein sehr breites Bett, hoch beladen mit Federkissen und Decken, so wie es in den Häusern der Bauern üblich war. Außerdem gab es eine Holztruhe. An einer Stelle des Zimmers befand sich eine Nische mit einem Gasherd und einem Abzugsrohr. Ein paar Küchenutensilien hingen an der Wand hinter den Kochplatten. Trotz der Ärmlichkeit wirkte das Zimmer angenehm warm, wir entspannten uns sogleich und fühlten uns wie zu Hause – ein Gefühl, das wir fast vergessen hatten. Im Ofen brannte ein Feuer. Die züngelnden Flammen warfen tanzende Schatten an die Wände und trugen zur Beleuchtung des dunklen Zimmers bei, in dem eine Petroleumlampe trübes Licht verbreitete. Die Wände waren kahl, bis auf ein großes Kruzifix.

Der Mann willigte sofort ein, uns für einige Zeit bei sich aufzunehmen. Er werde mit seiner Frau in der Scheune auf Stroh schlafen, und wir könnten in ihrem Bett nächtigen.

Wir trauten unseren Ohren nicht. Wir waren unendlich erleichtert und zutiefst dankbar. Einen Moment überlegten wir, ob es sich um eine Falle handelte. Aber wir merkten, dass er ehrlich war und uns helfen wollte. Er und seine Frau reichten uns etwas zu essen, und wir schlangen das Brot und den Käse gierig in uns hinein. Vater bot Jozef, so hieß der Bauer, Geld für Unterkunft und Verpflegung an. Jozefs Augen leuchteten, als er die Summe hörte, die Vater ihm offerierte, und war sofort einverstanden. Er versprach, uns so viel Proviant mitzugeben, wie er auftreiben könne. Er war auch bereit, uns für mehr als eine Nacht zu beherbergen, »bis der Krieg hoffentlich bald zu Ende ist und ihr in euer eigenes Haus zurückkehren könnt«, sagte er freundlich.

Er und seine Frau gingen zur Scheune, die gleichzeitig als Stall für ihre Kuh diente, um ihr Nachtlager zu richten. Als wir allein waren, sahen wir einander an, konnten unser Glück kaum fassen. Wir waren froh, die Nacht nicht unter den Sternen verbringen zu müssen. Dann legten wir uns erschöpft auf das breite Bett und dankten Gott, dass er uns auf unserem Weg geleitet und zu diesem Zufluchtsort geführt hatte.

Wir blieben eine Woche oder vielleicht zehn Tage bei diesem mitfühlenden und hilfsbereiten Bauern. Seine Frau erbot sich, unsere Kleidung zu waschen. Sie kochte uns eine schmackhafte Kaninchensuppe, doch Vater weigerte sich weiterhin, nicht koscheres Essen anzurühren, und begnügte sich mit Brot, Milchprodukten und Gemüse. In dieser Woche regnete es ununterbrochen, und wir hatten wirklich großes Glück, ein Dach über dem Kopf zu haben und nicht im Wald hausen zu müssen.

In der Zeit, die wir bei ihnen verbrachten, bekamen unsere Gastgeber keinen Besuch, vielleicht lag es an dem schlechten Wetter und der Herbstkälte. Wir halfen, Erbsen zu pulen und Getreide zu sieben. Jeden Abend bezahlte Vater die vereinbarte Summe, und alles verlief ruhig.

Aber eines Tages platzte Jozef in heller Aufregung ins Haus. Er hatte schlechte Nachrichten: Wir müssten heute noch gehen, weil deutsche Truppen ins Dorf gekommen seien. Sie seien auf dem Rückzug von der Front und beabsichtigten, für einige Zeit im Dorf zu bleiben. Sie würden sich selbstverständlich nach Unterkünften umsehen, und wir wären alle in großer Gefahr, wenn sie uns fänden.

Schweren Herzens beschlossen wir, das Haus zu verlassen, das uns seine Tür geöffnet hatte, so wie seine Bewohner uns hernach ihre Herzen geöffnet hatten. Jozef sagte, er werde uns ein Stück begleiten und uns den Weg zum Nachbardorf zeigen, das Jarok hieß. Dort würden wir sicherlich jemanden finden, der uns hilft. Als die Nacht hereinbrach, nahmen wir tränenreich Abschied von seiner Frau. Sie gab uns etwas zu essen mit auf den Weg und auch das kleine Bündel mit den Kleidern, die sie für uns gewaschen hatte. Wir verließen das Haus und waren äußerst niedergeschlagen.

In Jozefs Begleitung brachen wir auf. Wir waren alle sehr bewegt. Meine Schwestern weinten und flehten Mutter und Vater an, in dem Haus bleiben zu dürfen, das wir in der kurzen Zeit alle sehr lieb gewonnen hatten. In der Ferne sahen wir einige Strommasten, die entlang der Straße standen, zu der Jozef uns führte. Als wir uns verabschiedeten, brach er in Tränen aus und wünschte uns Glück, sagte, er hoffe, uns wiederzusehen.

Wieder einmal nahmen wir den »Wanderstab« und machten uns auf den Weg, auf einer unbekannten Straße zu einem unbekannten Ziel. Mutter unterhielt sich flüsternd mit Vater. Sie sagte, wir sollten uns stellen und zu einem Transport melden, um diesem Alptraum des Umherirrens und der ewigen Angst und Ungewissheit ein Ende zu bereiten. Wie lange könnten wir so noch weitermachen? Früher oder später würde man uns ja doch schnappen, sagte Mutter. Aber Vater blieb stur und ging unbeirrt weiter. Wir folgten ihm durch die dunkle Nacht, schliefen fast im Gehen, das Mondlicht und die Strommasten wiesen uns den Weg.

Gegen Mitternacht sahen wir schemenhaft mehrere Holzkonstruktionen auf einem abgeernteten Feld. Als wir näher kamen, stellten wir fest, dass es sich um Silos handelte, die mit Getreide und Stroh gefüllt waren. Sie kamen uns wie gerufen. Sogleich krochen wir hinein. Das Stroh diente uns als Bett. Die spitzen Enden der Strohhalme stachen uns, aber die »Matratze« war weich, und das Beste war, dass wir uns tief in das Stroh hineinwühlen konnten und so vor der bitteren Kälte geschützt waren. Wir schliefen sofort ein.

Als wir morgens aufwachten, sahen wir Vater am Eingang des Silos stehen. Er erkundete die Gegend. Die Sonne schickte ihre warmen Strahlen in den Silo. Und als wir aus dem Stroh krabbelten, mussten wir lachen – kleine Strohhalme hingen uns in den Haaren, wir sahen aus wie Clowns. Wir klaubten uns gegenseitig die Strohhalme ab und zählten sie, um zu sehen, wer die meisten aufgesammelt hatte. Es war ein ideales Versteck – wenn nicht das Problem mit der Verpflegung gewesen wäre. Wir hatten schon das wenige aufgegessen, das Jozefs Frau uns mitgegeben hatte. Was sollten wir jetzt tun? Wer von uns würde losziehen, um etwas zu essen zu besorgen?

Dann trafen meine Eltern eine riskante Entscheidung. Sie beschlossen, dass die beiden Kleinen ins Dorf gehen und um etwas zu essen bitten sollten. Sie dachten, dass Rachel und Miriam am ehesten Mitleid bei den einfachen Dorfbewohnern erregen könnten.

Ich habe nie verstanden, woher meine Eltern den Mut nahmen, meine jüngeren Geschwister auf eine so gefährliche Mission zu schicken, und dass die beiden einwilligten. Hatten sie denn keine Angst vor den Hunden? Aber der knurrende Magen und der Überlebenstrieb veranlassten uns zu Taten, die unwahrscheinlich verwegen waren – und mehr als ein bisschen gefährlich.

Die Familie Tokoly

Wir hielten uns den ganzen Tag in dem Silo auf, dann gingen Rachel und Miriam los, um im Dorf etwas Essbares aufzutreiben. Meine Eltern und ich warteten gespannt auf ihre Rückkehr. Mutter und Vater befürchteten, sie hätten die Kleinen ihrem Schicksal überlassen, weil sie sie auf eine Mission schickten, für die sie viel zu jung waren. Wir spähten ihnen angestrengt durch die Ritzen des Silos hinterher, sahen ihr Zögern, als sie vor dem ersten Haus des Dorfes standen.

»Sie werden Angst haben anzuklopfen«, sagte Mutter. Der Schweiß rann ihr von der Stirn, und sie zitterte am ganzen Körper. »Ich werde sie zurückholen. Ich kann sie nicht länger dieser schrecklichen Gefahr aussetzen.«

Aber noch ehe Mutter losgehen konnte, sahen wir, dass die Tür des Hauses aufging. Eine Frau in einem Trachtenkleid kam heraus und redete mit Rachel und Miriam. Sie gingen alle zusammen ins Haus. Bald danach – es kam uns wie eine Ewigkeit vor – erschienen die drei wieder und gingen ins Dorf. Wohin ging die Frau mit ihnen? Wir durften sie nicht aus den Augen lassen – wir mussten ihnen folgen! Aber dann sahen wir, dass sie in ein Nachbarhaus gingen und bald darauf mit einem Korb wieder herauskamen. Sie zeigten in unsere Richtung, verabschiedeten sich winkend und marschierten los. Was für eine Erleichterung! Wir wussten, dass sie Erfolg gehabt hatten. Ungeduldig warteten wir darauf, ihre Geschichte zu hören.

Rachel und Miriam kamen lachend zum Silo, stellten den Korb ab und sagten, sie hätten ein wahres Festessen mitgebracht: Brot, Käse, ein paar Mohrrüben und sogar getrocknetes Fleisch. Glücklich schlangen wir die unerwartet großzügigen Gaben hinunter. Während wir aßen, traktierten wir sie mit Fragen. Rachel erzählte: »Wir gingen zum ersten Haus, aber wir schämten uns. Wir hatten keine Ahnung, wie man um etwas zu essen bittet. Was sollten wir den Leuten erzählen? Waren es gute oder schlechte Menschen? Wir hatten Glück, denn eine Frau kam heraus, obwohl wir nicht geklopft hatten, und fragte, was wir wollten. Ich sagte, wir suchten nach einer Familie, die versprochen habe, uns zu essen zu geben – das hatte ich mir spontan ausgedacht. Die Frau sagte: ›Ich kann euch auch etwas zu essen geben.‹ Dann musterte sie uns von oben bis unten und sagte: ›Ihr seid sicher Jüdinnen, die diesen schrecklichen Transporten entkommen sind, nicht wahr? Aber wo sind eure Eltern? Und wo versteckt ihr euch?‹ Wir hatten Angst, dass die Frau uns vielleicht zur Polizei bringt, aber es war zu spät umzukehren. Wir erzählten ihr, dass wir Jüdinnen sind, dass wir mit unseren Eltern im Untergrund lebten und Angst und Hunger hätten. Wir sagten ihr auch, dass unsere Eltern und unsere große Schwester nicht gesund seien und Hilfe bräuchten. Die Frau ließ uns in ihr Haus und gab uns eine warme Suppe zu essen und Wurst. Sie hatte kein Essen mehr übrig für euch, deshalb nahm sie uns mit zu ihren Nachbarn, einem jungen Paar mit einem Mädchen. Sie bat sie, uns zu helfen. Die beiden legten einige Sachen in diesen Korb und versprachen, uns später noch mehr zu geben.«

Von diesem schicksalhaften Tag an wurde die Familie Tokoly – das junge Paar mit dem Mädchen – ein Teil unseres Lebens. Sie hatte großen Anteil daran, dass wir überlebten. Diese großzügigen und warmherzigen Menschen versicherten, dass sie alles, was sie nur könnten, für uns tun würden, und wollten kein Geld annehmen, obwohl sie sehr arm waren. Sie versprachen meinen Schwestern, dass sie bei ihren Freunden und Nachbarn Lebensmittel sammeln und sie uns bringen würden, so dass wir nicht mehr ins Dorf kommen müssten und riskierten, von schlechten Menschen gesehen zu werden.

Und tatsächlich, bald nachdem Rachel und Miriam wieder da waren, kam Vincent Tokoly zum Silo und stellte sich vor. Er war etwa dreißig Jahre alt, groß und schlank. Er sagte, dass er uns helfen wolle. Er erzählte, dass sich auch andere Juden im Dorf versteckten und dass viele Dorfbewohner ihnen halfen, auch der Pfarrer. Vincents Bruder Pavel versorgte drei junge Juden, die sich in einem Schuppen in der Nähe versteckten. Vincent schlug vor, dass wir sie kennen lernen, damit wir uns nicht so einsam fühlten. Vielleicht würde es so für uns leichter sein, durch diese schlechte Zeit zu kommen.

Und so gingen wir, zusammen mit Vincent, gegen Abend zur Hütte der drei Jugendlichen. Zwei waren Brüder, sechzehn und siebzehn Jahre alt, der dritte war neunzehn. Sie hatten sehr Schweres durchgemacht und schlugen uns mit ihren erstaunlichen Geschichten in Bann. Es stellte sich heraus, dass die Brüder aus einer Stadt in der Nähe von Michalovce stammten und Vater die Familie kannte. Die Eltern der Jungen waren schon im Jahre 1942 deportiert worden, aber die beiden Brüder waren geflohen. Sie hatten hier und dort Gelegenheitsarbeiten gemacht, waren durch die Slowakei gezogen und hatten sich mit Hilfe falscher Papiere als Nichtjuden ausgegeben. Jan, den älteren Jungen, hatten sie 1944 getroffen, in einem Schuhmachergeschäft in Nitra.

Die Besitzerin des besagten Geschäfts war eine Jüdin, die vor dem Krieg zum Christentum übergetreten war, als sie einen Christen heiratete, so dass sie nicht deportiert wurde. Fast während des gesamten Krieges waren solche Ehen von den antijüdischen Gesetzen nicht betroffen. Erst gegen Kriegsende machte man keine Ausnahmen mehr, und auch die Privilegierten und die Wohlhabenden wurden nach und nach abgeholt. Die Frau aber hatte man scheinbar »vergessen«.

Die gutherzige Frau riet ihnen unterzutauchen; sie gab

ihnen Geld und schickte sie zu den Tokolys nach Jarok. Sie und Pavel pflegten seit vielen Jahren geschäftliche Beziehungen zueinander und waren Freunde. Man einigte sich, dass er die drei Jungen in seinem Haus verstecken und sie für ihren Unterhalt zahlen würde. Aber Pavels bescheidenes Haus erwies sich als zu klein, denn er hatte eine große Familie. Deshalb brachte er die drei ein paar Tage später zu der Hütte, die er in der Nähe der Silos besaß. Spätestens jeden zweiten Tag brachte er ihnen etwas zu essen, und am Abend gingen sie ins Freie, um ein wenig frische Luft zu schnappen. Ab und an gingen sie nachts zu Pavel, um sich zu waschen.

Wir blieben bei den Jungen, bis es dunkel wurde. Wir unterhielten uns angeregt, erzählten uns unsere Erlebnisse und tauschten uns aus. Wir beschlossen, uns regelmäßig zu treffen, das würde helfen, die ständige Anspannung zu überwinden, und die Zeit würde schneller vergehen.

In den folgenden Tagen kamen die drei Jungen jeden Morgen zu unserem Silo und blieben bis zum Abend. Die Tage wurden kürzer und kühler, und nachts drangen Kälte und Feuchtigkeit durch die Ritzen. Der Winter war nahe, und der Gedanke an die eisigen Winde und den Schnee ließ uns schaudern.

Eines Tages, als Vater von einer seiner Hamstertouren zurückkam, erzählte er, dass er auf einem Feld fast in ein Loch gefallen sei, das er nicht gesehen habe, weil es mit dichtem Gras bewachsen war. Er habe das Loch näher untersucht und eine große Öffnung entdeckt, durch die man leicht hineinschlüpfen konnte. Im Schein der Taschenlampe, die Vincent ihm gegeben hatte und die er stets bei sich trug, wenn er loszog, hatte er dann einen schräg nach unten führenden Gang entdeckt. Neugierig war er hineingekrabbelt und auf einen tief unter der Erde gelegenen großen, warmen Raum gestoßen.

Vater kletterte aus dem Loch heraus und suchte weiter. Er

fand ein weiteres Loch, das dem ersten sehr ähnlich war. Dann entdeckte er noch drei Löcher, alle ziemlich dicht nebeneinander. Sofort kam er auf die Idee, dass wir vielleicht in diesen Löchern wohnen und so durch den Winter kommen könnten, ohne entdeckt zu werden. Den drei Jungen, die inzwischen fast zur Familie gehörten, gefiel die Idee. Wir wussten nicht, wozu diese Löcher dienten. Jemand musste sie irgendwann für irgendwelche Zwecke angelegt haben, und jetzt waren sie leer und unbenutzt.

Wir befragten Vincent bei seinem nächsten Besuch und erfuhren von ihm, was es mit diesen Löchern auf sich hatte. Vor vielen Jahren, als er noch ein kleiner Junge war, hatte es hier einen Weinberg gegeben, dort, wo jetzt Weizen angebaut wurde. Einige Familien hatten Keller ausgehoben für die Fässer mit dem neuen Wein, der unter trockenen Bedingungen gären sollte. Nach vielen Jahren, in denen die Winzer fleißig die Weinberge bewirtschafteten und Wein produzierten, wurden sie von einem Fluch heimgesucht – von einer Dürre, die zwei Erntezeiten anhielt. Die Rebstöcke vertrockneten, und sie mussten sie herausreißen. Stattdessen bauten die Bauern nun Weizen an. Sie errichteten die Silos, um das Getreide zu lagern. Nach und nach holten sie alle Weinfässer aus den Erdlöchern, und nun wurden diese Keller seit vielen Jahren nicht mehr benutzt. Es gab ein paar Dutzend davon, in verschiedenen Größen, einige befanden sich direkt unter den Silos.

Vincent sagte, dass es eine gute Idee sei, eines dieser Erdlöcher als Versteck zu benutzen. Er versprach, mit uns in Verbindung zu bleiben und ein- oder zweimal pro Woche Lebensmittel zu bringen. Sein Bruder Pavel würde weiterhin den drei Jungen etwas zu essen bringen, da die Besitzerin der Schuhmacherei dafür aufkomme.

Noch am selben Tag verließen wir den kalten, zugigen Silo, und mit Vincents Hilfe fanden wir einen »Keller«, der relativ groß war und gerade Wände hatte. Wir holten Stroh aus dem

Silo und bauten für jeden von uns einen Schlafplatz, dann zogen wir mit den drei Jungen ein. Der Keller war stockdunkel, weil wir die Öffnung mit Brettern verdeckten, die wir kreuz und quer übereinander legten. Die schmalen Ritzen ließen genug Luft herein, und zur Tarnung streuten wir Stroh darüber. Wir wären nicht im Traum darauf gekommen, dass dieses Loch, das für Mäuse und andere Nachttiere gerade gut genug gewesen wäre, monatelang unser Zuhause sein sollte. Es war Anfang Oktober 1944, und ein langes Kapitel unseres Lebens stand uns bevor.

Das Leben unter der Erde

In regelmäßigen Abständen, wenn der Gestank unerträglich wurde oder die Kellerwände Schimmel ansetzten, zogen wir in eine andere »Behausung« um. Das Leben unter der Erde war von Spannungen, Schmerzen, Angst und Schmutz gekennzeichnet. Doch trotz der demütigenden Umstände waren wir wie eine große Familie, die ein gemeinsames Schicksal verband, und das gab uns ein Gefühl von Sicherheit. Wir stellten einen Tagesplan auf, der außer den Mahlzeiten auch Wasserholen und »intellektuelle« Beschäftigungen enthielt. Zum Beispiel war jeder abwechselnd an der Reihe, eine Geschichte zum Besten zu geben, etwa einen Roman nachzuerzählen. Nur die kleine Miriam war davon ausgenommen. Ich erinnere mich, dass ich Teile aus *Herz* von Edmondo de Amicis erzählte, und andere steuerten ihre Erinnerungen aus *Der Graf von Monte Cristo* und *Die drei Musketiere* von Alexandre Dumas bei, doch auch Romane von Jules Verne und Karl May erzählten wir uns, und Geschichten aus der Bibel – Letztere steuerte hauptsächlich Vater bei.

Wir spielten auch Gemeinschaftsspiele, brachten uns gegenseitig Lieder bei, besonders Lieder aus Palästina, und erzählten einander interessante Erlebnisse, die wir gehabt hatten. All dies geschah in völliger Finsternis, während wir auf der Erde saßen oder lagen. Die Petroleumlampe wurde nur während der Mahlzeiten angezündet.

Wir sprachen Slowakisch, was bedeutete, dass Mutter die meiste Zeit schwieg, da sie die Sprache nicht gut genug beherrschte. Was empfand sie wohl in dieser Zeit? Woran dachte sie in jenen Stunden und Tagen, als sie schwieg? Damals verschwendete niemand einen Gedanken daran: Sie gehörte einfach nicht zu unserem Kreis. Sie muss unter ihrer Einsamkeit schrecklich gelitten haben. Ganz selten erzählte sie etwas Interessantes auf Ungarisch.

Die drei Jungen, die von Pavel mit Essen versorgt wurden, gingen weiterhin regelmäßig zu seinem Haus, um sich zu waschen. Wir hatten nur die Quelle, und manchmal wuschen wir uns dort, natürlich nur die Hände und das Gesicht, weil es zu kalt und die Quelle von allen Seiten einsehbar war. Unsere Kleider waren schmutzig, obwohl Mutter sie manchmal in der Quelle wusch. Dann waren sie noch tagelang feucht, weil sie in der Höhle nicht richtig trocknen konnten. Bald juckte es uns überall wegen der Flohstiche. Wir spielten ein seltsames Spiel: Im Schein der Petroleumlampe vergnügten wir uns damit, die Flöhe zu fangen, die auf uns herumhüpften. Wir zerquetschten sie mit den Fingernägeln, hörten das Knacken und sahen zu, wie das Blut herausfloss, das sie aus unseren Körpern gesogen hatten. Aber trotz all unserer Bemühungen vermehrten sie sich unaufhörlich und quälten uns.

Ich war bereits in der Pubertät, und jetzt hatte ich meine erste Menstruation. Ausgerechnet unter diesen unerträglichen Bedingungen kam dieser ungebetene Gast. Ich hatte starke Bauchschmerzen, und aus meinem Unterleib floss Blut. Mutter und ich wussten uns keinen Rat: Wie sollten wir das Blut auffangen? Wir hatten ein paar Hemden, und Mutter beschloss, eines in Streifen zu reißen, die ich mir in die Unterhose steckte. Mir war elend zumute, ich schämte mich, fühlte mich schmutzig und unrein. Vor allem befürchtete ich, dass die Jungen merken würden, was los war. Bei der ersten Gelegenheit ging ich mit Mutter zur Quelle, um mich zu waschen. Das kalte Wasser tat so weh, als würde man mich mit einem scharfen Messer aufschlitzen. Als Vincent, unser Wohltäter, am nächsten Tag mit dem Essen kam, baten wir ihn, uns ein paar Lumpen mitzubringen, ohne zu erklären, warum.

Sehr viel angenehmere Erinnerungen habe ich an den Tag, an dem die drei Jungen mir sagten, dass sie beschlossen hätten, mich zu fragen, ob ich einen von ihnen zum Freund nehmen wollte. Aber wer von ihnen sollte mein Freund werden? Sie hatten untereinander darum gelost, und Gewinner war der Jüngste der Gruppe, den ich Ronny nennen werde. Wenn ich einverstanden wäre, würde er mein Freund sein, und ich könnte meine Geheimnisse mit ihm teilen.

Von dem Tag an, als wir die Jungen kennen lernten, hatte ich Ronny am meisten gemocht, vielleicht wegen seiner Schweigsamkeit, seiner Reife und seiner klaren blauen Augen. Er hatte mich von Anfang an fasziniert, und ich war glücklich, dass er ausgelost worden war. Verlegen lächelnd willigte ich ein. So begann eine Episode zarter junger Liebe, meine erste Liebe, die sich entwickelte und blühte und die entsetzlichen Tage in dem dunklen Loch mit Zärtlichkeit und Schönheit erfüllte.

Fortan bildeten Ronny und ich immer das Team, das Wasser von der Quelle holte. Wenn wir uns am Tag Geschichten erzählten, versuchten wir, nebeneinander zu liegen. Durch die körperliche Nähe, zu der wir in dem dunklen Loch gezwungen waren, entwickelten wir auch eine emotionale Nähe. Manchmal spürte ich, wie sich sein Körper an mich drückte, seine Hand suchte nach meiner Hand, streichelte mein Gesicht. In der pechschwarzen Dunkelheit schmiegten wir uns aneinander und flüsterten uns Liebesworte zu. Ronny war von Natur aus still, drückte aber seine Liebe wortreich aus, indem er aus der Literatur zitierte, die er gelesen hatte. Wenn er mit Erzählen an der Reihe war, erinnerte er sich an die Handlung bis ins Detail, er schien aus dem Buch vorzulesen. Wir lauschten ihm gespannt und neugierig, er verstand es, uns zu fesseln und zu begeistern.

In den Monaten, in denen wir zusammen waren, kamen Ronny und ich uns immer näher. Wir waren zum ersten Mal verliebt, und unsere jungen Herzen flossen über. Wir vergaßen, wo wir waren, wir waren mit uns selbst beschäftigt, träumten in den Tag und waren erregt bei der Entdeckung der prickelnden Gefühle, die neu für uns waren. Das Leben unter der Erde wurde erträglicher.

Mutter und Vater wussten nichts von unserer Beziehung. Wir beide lebten in einer Zauberkugel, und alles, was draußen war, ging an uns vorbei und berührte uns nicht. Wir versprachen einander, uns nie mehr zu trennen und für immer ein Paar zu bleiben, wenn wir überleben sollten.

Ronny war schüchtern und zurückhaltend. Hin und wieder rückte er so nah an mich heran, dass ich seinen warmen Atem spüren konnte. Unsere Gesichter waren sich ganz nah, und mein Herz hämmerte vor Erwartung, aber es blieb lange Zeit beim Händchenhalten. Bis wir uns eines Tages aneinander schmiegten, wir hielten fast den Atem an, und unsere Lippen berührten sich beinahe. Ich zitterte erwartungsvoll, mein ganzer Körper wurde von Wärme überflutet, als er noch näher kam. Seine Lippen berührten sanft meinen Mund. Weiche Lippen, suchend, schüchtern. Der erste Kuss! Welches Glück, welche Süße! Als wir uns voneinander lösten, war ich verlegen und verwirrt, aber ich wollte wieder seinen Mund. Unsere bebenden Lippen begegneten sich wieder, und wir hielten den Atem an, wie um den Augenblick zu verlängern. Von diesem Moment an schlossen wir einen geheimen Liebespakt. Flüsternd schmiedeten wir Pläne für die Zukunft.

»Großmama, warum hast du dann Großpapa geheiratet und nicht diesen Ronny? Wo lebt er jetzt? Bist du noch mit ihm befreundet?«, fragte Omer.

»Deine Fragen sind berechtigt, Omer. Ich werde meiner Geschichte vorauseilen, um sie dir zu beantworten«, sagte ich. »Als der Krieg endlich vorbei war und wir aus der Finsternis ans Licht kamen, sah ich auch unsere Beziehung in

einem anderen Licht. Ich wurde wieder zu einem Mädchen, das noch nicht ganz fünfzehn war, eine Schülerin, die sehr viel verlorene Zeit nachzuholen hatte – ich hatte während der Kriegsjahre ja viel verpasst. Neue Menschen traten in mein Leben, neue Anforderungen kamen auf mich zu. Die Zeit der Flucht und des Versteckens, mit all ihren Ängsten, war vorbei, und mit ihr auch unsere Nähe und unsere gegenseitige Abhängigkeit. Unsere Wege trennten sich in freundschaftlichem Einvernehmen. Ronny und sein Bruder gingen gleich nach dem Krieg nach Palästina. Meine Familie und ich wanderten zwei Jahre später aus. Ronnys Bruder wurde im Unabhängigkeitskrieg getötet, er blieb ganz allein zurück, denn seine ganze Familie war während der Schoah ermordet worden. Er ist verheiratet und hat Kinder und Enkelkinder; er lebt in einem Kibbuz und ist glücklich und zufrieden. Wir sind, seit wir nach Israel kamen, immer in Kontakt geblieben, auch nachdem wir beide eine eigene Familie gegründet hatten. Wenn wir uns sahen, was nicht oft der Fall war, erinnerten wir uns bewegt an unsere schöne, unschuldige Freundschaft. Diese wunderbare und besondere Beziehung hat ihren Platz in unseren Herzen. Wir wussten, dass unsere jugendliche Liebe, tief unter der Erde, nur eine schöne Episode in einer schweren Zeit gewesen war, die uns Stärke und Ausdauer verliehen hatte. Die Beziehung, die wir schmiedeten, half uns, die Wirklichkeit zu ertragen und die Hoffnung nicht zu verlieren, dass wir überleben würden.«

Die düstere Routine in der Höhle stumpfte uns ab, und unsere Wachsamkeit ließ nach. Manchmal verließ Vater, noch bevor es dunkel war, die Höhle, »um etwas frische Luft zu schnappen«, wie er sagte – und wir warteten ängstlich auf seine Rückkehr. Eines Tages verkündete er, dass ein neuer Monat im jüdischen Kalender beginne und er deshalb beabsichtige, am helllichten Tag nach draußen zu gehen, um die entsprechenden Gebete unter freiem Himmel zu sprechen und nicht in dem schmutzigen und stinkenden Loch. Er kroch durch den schrägen Gang hinaus, deckte den Eingang mit Brettern zu und verschwand.

Er blieb sehr lange fort, und wir fingen an, uns Sorgen zu machen, besonders Mutter, die sich sehr aufregte. Schließlich hörten wir das bekannte Geräusch von Brettern, die verschoben wurden, und in dem Licht, das in die Höhle fiel, sahen wir Vater. Alle atmeten erleichtert auf. Aber dann erzählte Vater uns, warum er so lange fortgeblieben war. Er war zwei Gardisten begegnet, die ihn mitnehmen wollten. Vater hatte kein Geld, also bot er ihnen seine teure Uhr an, um sie zu bestechen. Die beiden griffen nach der Uhr und machten sich aus dem Staub. Vater war der Meinung, dass sie gar keine Gardisten waren, sonst hätten sie ihn nicht gehen lassen. Nun war er glücklich, wieder da zu sein. Mutter ließ ihn schwören, nie wieder bei Tageslicht nach draußen zu gehen.

Der erste Tag der Woche war immer etwas Besonderes, da Vincent mit einem Rucksack voller Lebensmitteln kam. Manchmal brachte er warme Suppe in einem Topf, meistens Kaninchensuppe, und Anna, seine junge Frau, begleitete ihn. Wir erkannten sie jedes Mal an dem besonderen Pfiff, den wir vereinbart hatten. Sie nahmen Seite an Seite in unserer Reihe Platz und brachten eine frische Brise Hoffnung und Zuversicht aus einer anderen Welt. Ihre Berichte über den Vormarsch der Alliierten und die sichere Niederlage der Deutschen gaben uns die Kraft durchzuhalten. Vincent zeigte uns stets freudig die Schätze, die er für uns eingesammelt hatte: zum Beispiel ein großes rundes Brot, das verführerisch duftete, Kuchen, Schweinefleisch oder Würste. Wir nahmen das Essen, das er uns brachte, dankbar an. Mit ungeheurer Befriedigung hörten wir, dass der Pfarrer in seiner Sonntagspredigt jedes Mal klar und deutlich sagte, dass gute Christen die Pflicht hätten, jenen, die in Not sind, zu helfen, sei es spirituell oder materiell.

»Es ist falsch, irgendjemanden wegen seiner Religion, seiner Ansichten oder seiner anderen Sitten zu hassen, denn wir sind alle von Gott geschaffen«, sagte der Pfarrer. Auch dieser Kirchenmann gehörte zum Kreise derer, die sich tatkräftig an unserer Rettung beteiligten und uns mit dem Nötigsten versorgten. Wenn wir die Köstlichkeiten verzehrten, die uns der Pfarrer geschickt hatte – bis auf Vater natürlich, der alles, was nicht koscher war, nicht einmal anfasste –, fühlten wir uns auch durch das Wissen gestärkt, dass wir einen »Schutzpatron« im Dorf hatten.

Es gab insgesamt viel zu wenige Beispiele von Größe und Mut und Menschlichkeit in der Slowakei während des Krieges, auch seitens des Klerus. Wir erfuhren auch, dass der Pfarrer, den die Dorfbewohner einen »Heiligen« nannten, ein Freiheitskämpfer und ein großer Humanist war, der zum katholischen Establishment gehört hatte. Doch als er offen gegen die Verfolgung der Juden protestiert und sich gegen das Regime gestellt hatte, war er strafversetzt worden. Für uns war es ein Glück, das man ihm nicht auch körperlich etwas zuleide tat, ihn nicht in ein Konzentrationslager steckte – wohl nur deshalb nicht, weil Präsident Tiso, der mit den Nazis kollaborierte und ebenfalls Priester war, mit unserem Pfarrer zur Schule gegangen war.

Die Tage vergingen in trister Gleichförmigkeit. Wieder einmal beschlossen wir, dass die Zeit reif war, in ein neues, weniger verschmutztes Loch zu ziehen. Auf unserer nächtlichen Suche entdeckten wir einen ziemlich großen Keller, jedenfalls schien er für unsere Zwecke groß genug zu sein. Meistens wechselten wir den Ort, wenn der Gestank unserer Ausscheidungen – wir konnten die Eimer immer erst in der Dunkelheit leeren – unerträglich wurde.

Pavel, der den drei Jungen weiterhin das Essen brachte, schlug eines Tages im November vor, dass ich zusammen mit seiner Tochter Clara, die sechzehn war, in die Stadt, nach

Anna Tokoly aus Jarok bei Nitra – sie und ihre Familie versorgten uns mit Nahrungsmitteln, als wir in einem Loch unter der Erde lebten

Nitra, fahren sollte, um bei der jüdischen Geschäftsfrau das monatliche Geld für die Verpflegung der Jungen abzuholen. Vater und Mutter lehnten ab, sagten, es sei zu gefährlich. Ein heftiger Streit entwickelte sich. Schließlich gaben sie schweren Herzens nach, aber erst, nachdem sie die Einzelheiten des Plans gehört hatten. Ich würde mich wie ein Mädchen vom Land anziehen, mit Sachen von Clara, und auf diese Weise nicht auffallen.

Aufgeregt verabschiedete ich mich. Ich freute mich, dass ich für eine Mission auserwählt worden war, die bedeutete, dass ich wenigstens einen Tag lang aus der Höhle herauskommen würde. Ich kroch aus den Eingeweiden der Erde hinaus und begleitete Pavel zum Dorf.

Clara, die ich schon kannte, hatte eine Wanne mit heißem Wasser für mich vorbereitet, so dass ich mich waschen konnte. Das war für sich genommen schon ein Fest. Ich konnte mich nicht erinnern, wann ich mich das letzte Mal wie ein Mensch gewaschen hatte. Nach dem erfrischenden Bad half Clara mir beim Anziehen der vielen Röcke, der bestickten Bluse und beim Binden des Kopftuchs. Ich erkannte mich kaum wieder in dem kleinen Spiegel an der Wand. Wir lächelten beide glücklich und machten uns Arm in Arm auf den Weg.

Ich bewegte mich auf der Straße mit gemischten Gefühlen aus Angst und Glück. Niemand schenkte uns besondere Aufmerksamkeit, als wir zur einzigen Bushaltestelle des Dorfes gingen. Wir sahen aus wie zwei ganz normale Mädchen. Unterwegs gingen wir in die Kirche, weil Clara die Jungfrau Maria bitten wollte, uns zu beschützen. Wir betraten einen großen Raum. Am Ende des Gangs stand eine Statue der Jungfrau, und auf einem Tisch brannten Kerzen. Außer uns war nur eine alte Frau in der Kirche, die auf Knien Gebete murmelte. Clara zündete eine Kerze an, kniete nieder und bedeutete mir, mich auch hinzuknien. Ich zögerte und blieb stehen, aber sie drängte mich, es ihr nachzutun, und da ich keine andere Wahl hatte, kniete auch ich hin. Ich murmelte ein paar bedeutungslose Worte und sagte das Ave-Maria auf, an das ich mich aus meiner Schulzeit in Michalovce erinnerte. Ich hatte Gewissensbisse, weil ich glaubte, den Gott Israels zu verraten. Mein Herz fing an zu rasen, als auf der Straße zwei Männer in Uniform an uns vorbeigingen, aber sie lächelten uns freundlich zu und gingen weiter. Zuversichtlich stiegen wir in den Bus.

Die Fahrt nach Nitra dauerte etwa eine Stunde. Ich hatte das Gefühl, dass alle mich anstarrten und genau wussten, wer ich war. Mit Sicherheit würde gleich ein Polizist einsteigen und mich verhaften. Aber Clara flüsterte mir zu, dass ich keine Angst zu haben brauche: Ich sähe genauso normal aus wie sie. Es war ziemlich kühl – die Busse waren damals nicht geheizt –, und ich zitterte vor Kälte in der dünnen Trachtenkleidung, oder vielleicht waren es auch nur die Anspannung und die Angst. Wir kamen nach Nitra, von wo ich mehr als zwei Monate zuvor mit meiner Familie geflohen war. Als wir in Richtung Stadtzentrum gingen, betrachtete ich die Menschen auf der Straße. Wie seltsam es mir vorkam, Menschen frei herumspazieren zu sehen. Sie unterhielten sich ruhig und lachten, Kinder tobten herum, alles schien völlig normal zu sein. Ich kam mir vor wie in einem Traum.

In der Schuhmacherei der Frau saßen Männer und Frauen in einer Reihe, sie beugten sich über die Nähmaschinen, mit denen sie Schuhe aus dem Material, das vor ihnen lag, zusammennähten. Die Maschinen wurden mit einem Fußpedal angetrieben. Ein eintöniges Summen erfüllte den Raum.

Die Eigentümerin, eine hübsche Frau von ungefähr fünfunddreißig Jahren, begrüßte Clara wie eine Freundin. Sie führte uns in ihre Wohnung, die zum Geschäft gehörte und im hinteren Teil des Hauses lag. Clara stellte mich vor, und ich erklärte die Verbindung meiner Familie zu den drei Jungen, für deren Lebensunterhalt sie sorgte. Sie stopfte auch mir etwas Geld in die Hand und deutete mit niedergeschlagenen Augen an, dass auch sie in Kürze möglicherweise deportiert würde. Es kursierten Gerüchte, denen zufolge fortan selbst die Konvertierten wie Juden behandelt würden. Aber, erklärte sie, sie würde die drei Jungen so lange wie möglich unterstützen, und vielleicht würde Gott es ihr vergelten und sie und ihre Familie beschützen. Wir bekamen bei ihr etwas zu essen und zu trinken, und dann gab sie Clara den monatlichen Betrag für die Jungen, den sie in eine Serviette eingewickelt hatte. Wir verabschiedeten uns und machten uns auf den Rückweg.

Ich fühlte mich jetzt freier und selbstsicherer auf der geschäftigen Straße. Es war eine wohltuende Erfahrung, sich frei zu fühlen, nicht den gelben Stern tragen zu müssen und sich vorzustellen, dass alles gut werden würde. Noch viele Tage nach meiner Rückkehr in das Loch beschwor ich dieses Gefühl herauf und sehnte mich nach dem Tag, an dem der Albtraum unseres Lebens unter der Erde ein Ende haben würde.

Die alte Routine ging weiter. Es war unmöglich, in dem Loch Tag und Nacht zu unterscheiden, und die Zeit dehnte sich endlos. Dann, eines Sonntags, kroch Vater zum Ausgang der Höhle, spürte die warmen Sonnenstrahlen und schlug vor, dass wir alle herauskommen und etwas frische Luft schnappen sollten, ohne den Einbruch der Nacht abzuwarten. Die meisten Bewohner des Dorfes seien sonntags in der Kirche oder zu Hause, sagte Vater; sie arbeiteten nicht auf den Feldern, so dass wir fast sicher sein könnten, dass die Luft »rein« sei. Unser Bedürfnis, das Tageslicht zu sehen und uns im Freien aufzuhalten, nach mehr als einem Monat in der Dunkelheit, siegte über die Bedenken.

Wir genossen unsere Freiheit, atmeten die frische Luft ein und entfernten uns einige Meter von der Höhle, weil wir uns die Beine vertreten wollten. Vater ging voran, und wir folgten. Plötzlich, wie aus dem Nichts, erschienen vor uns zwei Uniformierte der Hlinka-Garde.

Wir erstarrten. Wegen einer einzigen Unvorsichtigkeit waren alle unsere bisherigen Anstrengungen vergeblich gewesen. Alle unsere Versuche zu überleben waren mit einem Mal sinnlos geworden. Ohne viele Worte befahlen uns die beiden, ihnen ins Dorf zu folgen. Vater durchsuchte seine Taschen und bot ihnen Geld an. Sie nahmen das Geld, aber sie ließen uns nicht laufen.

Dann passierte etwas völlig Unerwartetes, etwas, das wir weder geplant oder auch nur besprochen hatten – vielleicht weil wir nicht im Geringsten erwartet hätten, dass es funktionieren würde. Meine kleine Schwester Miriam fiel auf die Knie und umklammerte ein Bein eines der beiden Gardisten, brach in Tränen aus und flehte: »Bitte, ich bin noch klein, ich will leben, lassen Sie uns gehen, lassen Sie uns gehen!«

Sprachlos vor Staunen über Miriams Gefühlsausbruch starrten wir sie nur an. Noch überraschender aber war die Reaktion des Gardisten. Der Mann, dessen Bein Miriam umklammert hielt, trat sie nicht weg, schüttelte sie nicht ab, er schrie sie nicht an oder schlug sie. Er war zutiefst bewegt. Seine Augen füllten sich mit Tränen, er bückte sich, hob Miriam hoch und sagte: »Lauft, rennt weg, schnell!«

Sein Kamerad starrte ihn an, als würde er seinen Augen und Ohren nicht trauen. Wir konnten es selbst kaum glauben. Aber der andere Mann unternahm nichts. Sie drehten sich beide um und gingen in Richtung Dorf.

Wir blieben noch einen Moment stehen, zu erstaunt, um uns zu bewegen. Miriam, das kleine Kind von acht Jahren, hatte die Herzen dieser Gardisten gerührt, die unser Schicksal in der Hand hatten. Wir brauchten einen Moment, um uns von dem Schock zu erholen, dann machten wir schnell kehrt und rannten zu unserem warmen und »sicheren« Loch.

Tage später hatten wir ein wirklich schockierendes Erlebnis, das eine Entscheidung erzwang. Wir lagen, wie gewöhnlich, in dem Loch, als wir von oben ein Geräusch hörten. Wir wussten, dass es nicht Vincent oder Pavel sein konnten, weil niemand gepfiffen hatte. Angstvoll hielten wir den Atem an. Wir hörten leise Stimmen und zitterten: Es waren Deutsche. Vater gab uns zu verstehen, dass wir uns dicht an die Wand stellen und uns nicht rühren sollten, so dass die Mitte der Höhle frei war, falls jemand hinuntersehen sollte. Er legte die Hand auf Miriams Mund, damit sie nicht weinte oder schrie. Eli, Ronnys Bruder, hielt meine Hand. Seine Hand war feucht, und ich spürte, dass er vor Angst zitterte. Mein Herz raste, mir drehte sich der Magen um.

Die Menschen über uns stießen das Stroh und die Bretter beiseite, und schwaches Licht fiel in den Keller. Plötzlich ertönte ein Schuss. Ein Blitz zuckte auf, und eine Kugel schlug in die Erde mitten in der Höhle ein. Die Deutschen schrien: *»Raus, raus!«* Aber wir blieben wie angewurzelt stehen. Noch ein Schuss fiel, und noch einer. Und wieder einer. Die Kugeln pfiffen in unseren Ohren und schlugen in die Erde zu unseren Füßen ein. Wir waren wie gelähmt – und das hat uns wahrscheinlich davor bewahrt, uns den Deutschen zu ergeben.

Wir hörten noch ein paar leise Stimmen, dann nichts mehr, und plötzlich eine erneute Gewehrsalve. Die Kugeln streiften Vaters Schuhe. Er muss wahnsinnig erschrocken sein, aber er regte sich nicht. Wir standen alle unter Schock und rührten uns nicht. Ich erinnere mich nicht, wie lange dieser Terror dauerte, aber schließlich herrschte eine drückende Stille. Die Stimmen über uns entfernten sich, bis alles wieder völlig ruhig war. Wir zitterten, weinten und rangen nach Luft. Aber als wir uns zusammenrissen, wussten wir, dass wir eine Entscheidung treffen mussten. Mit Sicherheit mussten wir in einen anderen Keller ziehen.

Noch am selben Tag kam Vincent, er war sehr aufgeregt und erzählte, dass irgendjemand im Dorf die Deutschen informiert haben müsse, denn sie seien plötzlich aufgetaucht und direkt zu den Höhlen marschiert, um die Menschen, die sich dort versteckten, auszuheben. Sie hätten eine Gruppe von Juden gefunden und mitgenommen. Sie würden vielleicht zurückkommen, sagte Vincent, und dann würden sie möglicherweise Handgranaten in die Höhlen werfen.

Wir berichteten Vincent von unserem traumatischen Erlebnis und fragten ihn, warum die Deutschen den Keller nicht betreten hätten, wenn sie Menschen darin vermuteten. Er sagte, dass sie vielleicht Angst gehabt hätten, weil Gerüchte kursierten, dass sich in den Kellern Partisanen versteckten, so dass die Soldaten vielleicht nicht ihr Leben riskieren wollten.

Wir berieten, was wir nun tun sollten, und beschlossen, die Gegend für ein paar Tage zu verlassen, bis wieder Ruhe eingekehrt wäre. Vater schlug vor, nach Cabaj-Čápor zurückzukehren, zu Jozef, in dessen Haus wir mehr als eine Woche untergekommen waren. Die Jungen waren traurig bei der Vorstellung, dass wir uns trennen sollten, aber wir wussten, dass wir sie nicht zurücklassen würden. Unsere gemeinsame Zeit in der Höhle hatte uns zu einer Familie zusammengeschweißt. Wir sagten Vincent, dass wir noch in dieser Nacht fortgehen würden und dass wir, mit Gottes Hilfe und wenn alles gut ginge, bald wieder da wären.

Inzwischen waren die Tage sehr kurz, und es wurde früh dunkel, so dass wir schon bald aufbrechen konnten.

Als wir Jarok verließen, um uns ins Unbekannte aufzumachen, bekam ich wieder einmal keine Luft mehr, und die Angst presste mir das Herz zusammen. Würden wir Jozef finden? Würde er acht Menschen bei sich aufnehmen? Aber wir hatten keine andere Wahl, als unser Glück zu versuchen und das Beste zu hoffen. Ich hatte aufgehört zu zählen, wie viele Male wir bereits unsere wenigen Habseligkeiten zusammengesucht hatten, um uns im Schutz der Dunkelheit davonzustehlen.

Es war bitterkalt. Auf dem Weg erinnerte ich mich an den scheinbar endlosen Marsch vor einem Jahr, als meine Schwester und ich über die Grenze nach Ungarn gingen. Wir waren alle sehr nervös. Niemand sagte ein Wort. Ronny blieb dicht an meiner Seite, drückte hin und wieder meine Hand, um mich aufzumuntern. Der Mond warf sein bleiches Licht auf die Felder. Die kleine Miriam war die Einzige, die nicht zu laufen brauchte – die Jungen trugen sie abwechselnd auf ihren Schultern. Unsere Füße schmerzten, aber wir gingen weiter, bis wir nach ein paar Stunden die Lichter des Dorfes sahen.

Wir klopften an Jozefs Tür. Bei unserem Anblick schnappte er vor Überraschung nach Luft und bat uns sofort herein. Als wir wieder zu Atem gekommen waren, berichteten wir ihm von unserer Notlage und fragten ihn, ob er uns noch einmal helfen würde. Er sagte, wir könnten alle bleiben, und bot uns wieder sein großes Bett an, in dem wir schon das letzte Mal geschlafen hatten. Wir lächelten verlegen. Konnten acht Menschen in einem Bett schlafen, auch wenn es ein breites Bett war? Wir probierten es, in dem wir uns angekleidet nebeneinander legten, und lachten und sagten, jetzt wüssten wir endlich, wie sich Sardinen in der Büchse fühlten. Natürlich war das Bett zu schmal für acht Personen. Schließlich schlief unsere Familie in dem Bett, und für die Jungen bereiteten wir ein Nachtlager auf dem Fußboden.

Vater hatte noch etwas Geld übrig, und er gab die Hälfte davon dem Bauern. Die Jungen gaben ihm auch etwas von dem Geld, das sie von der Ladenbesitzerin bekommen hatten. Er nahm das Geld, ohne es zu zählen, und ging in die Scheune, um das Nachtlager für seine Familie herzurichten. Vater und ich gingen mit ihm, um ihm zu helfen. Als wir ins Haus zurückkamen, hatten sich Mutter und die Mädchen schon unter der Decke zusammengerollt, und wir legten uns neben sie und deckten uns ebenfalls zu. Wir waren so erschöpft, dass wir sofort einschliefen.

Der Verrat

Ich schlief tief und fest, und als ich frühmorgens erwachte, war es noch dunkel. Es dauerte etwas, bis mir einfiel, wo ich war – wir waren auf unserer mehrmonatigen Wanderschaft an so vielen verschiedenen Orten vorbeigekommen. Aber so früh es auch sein mochte, Mutter und Vater waren schon auf, und das improvisierte Nachtlager der Jungen auf dem Fußboden war weggeräumt. Sie standen draußen im Dunkeln beisammen. Nur meine kleinen Schwestern schliefen noch und hatten das große Bett für sich allein.

Ich sah mich in dem Raum um, der sich seit dem letzten Mal nicht verändert hatte. In der Ecke beugte sich Jozefs Frau über den Ofen und schürte das Feuer. Schnell und umsichtig erledigte sie ihre Arbeit, und ich sah ihr dabei zu. Sie nahm einen Krug mit Milch aus dem Regal an der Wand und stellte ihn auf den Ofen, um die Milch zu erhitzen. Dann griff sie nach einem großen runden Brot und schnitt es in Scheiben. Schließlich holte sie ein Glas mit selbst gemachter Marmelade und deckte den Tisch.

Nachdem ich herzhaft zugelangt hatte – ich war so hungrig, dass mir fast schlecht war –, sah ich aus dem Fenster. Die Gardine war zugezogen, so dass ich hinaussehen konnte, ohne Angst zu haben, dass jemand von draußen hineinsehen konnte. Die Häuser des Dorfes standen alle in einer Reihe nebeneinander. Nur Jozefs Haus stand abseits – so waren wir vor neugierigen Blicken sicher. Trotzdem fragte ich mich: Sind wir wirklich sicher in diesem Haus?

Jozef versorgte uns mit Essen, hauptsächlich bestand es aus Milch, Brot und Kartoffeln, und am Wochenende würde es

Kanincheneintopf geben, versicherte er. Das Essen war sehr knapp, und wir verteilten es zweimal täglich und achteten darauf, dass niemand benachteiligt wurde. Die Tage vergingen schnell, aber wir waren sehr nervös. Abends gingen wir nach draußen, in den Hof, um frische Luft zu schnappen. Es war kalt, und wir hatten keine Wintersachen.

Am dritten Tag kam Jozef mit einem überraschenden Vorschlag. Im Haus sei es nicht sicher genug, sagte er, und wir sollten für den Notfall ein Versteck vorbereiten. Er sei bereit, ein Versteck in der Scheune anzulegen. Täglich sollte sich jeweils einer von unseren vier Männern in die Scheune schleichen und mit ihm zusammen eine Grube ausheben, in der wir uns bei Gefahr eine Zeit lang verstecken könnten. Sie würden tagsüber graben, einer von uns würde Wache stehen und sie warnen, wenn sich jemand näherte. Die ausgehobene Erde würden sie auf eine Schubkarre schaufeln und im Garten verteilen. Wenn der unterirdische Raum groß genug war, würde man eine Bank hineinstellen, und der Eingang sollte mit Brettern und Stroh bedeckt werden. Um sicherzugehen, würde man die Kuh auf diesen strohbedeckten Eingang des Verstecks stellen. Niemand würde vermuten, dass sich unter der Kuh eine Grube befand, in dem sich Menschen verbargen.

Wir dankten Jozef für seine Anteilnahme und willigten in seinen Vorschlag ein. Vater und die Jungen machten sich an die Arbeit, und wir sahen sie hin und wieder durch die Tür, die zur Scheune hinausführte. Der Boden war hart, und die Arbeit ging nur langsam voran. Am Ende des Tages waren alle erschöpft und hatten Blasen an den Händen. Doch trotz ihrer schwachen Konstitution und des Mangels an Werkzeugen konnten sie die Arbeiten binnen einer Woche abschließen. Der kleine Raum war fertig, und unsere Männer waren begeistert und sehr stolz auf ihre Leistung. Dann brachte Jozef eine lange Bank, die wir alle zusammen in das Loch transportierten, und gegen Abend krochen wir in die Grube, um zu sehen, wie es sich zu acht dort aushalten ließ. Wir setzten uns auf die Bank und beschlossen, am nächsten Morgen zu üben, so schnell wie möglich in das Versteck zu gelangen. Wir beschlossen auch, wer als Erster gehen sollte und wer als Letzter. Je mehr wir übten, desto schneller wurden wir. Das Hinausklettern aus der Grube war mühseliger als das Hinuntersteigen, und wir halfen einander.

Vater beschäftigten andere Sorgen. Unser Geld und das der Jungen wurde schnell weniger. Was würde in ein, zwei Tagen sein, wenn wir den Bauern nicht mehr bezahlen konnten? Vater deutete an, dass wir vielleicht jemanden in die Stadt schicken müssten, um Geld zu holen, und erwähnte in dem Zusammenhang die Frau, die die Jungen finanziell unterstützte. Doch Jozef hielt nichts von dieser Idee.

Zwei Tage waren seit der Fertigstellung der Grube vergangen. Es war Freitag, und Jozef schlug vor, dass wir das gute Wetter nutzten, um unsere schmutzigen Sachen zu waschen. Seine Frau mache jeden Sonnabend die Wäsche, sagte er, und sie würde bei dieser Gelegenheit auch unsere Sachen waschen.

Am Samstag machte die Frau im Hof ein Feuer und erhitzte darauf einen Bottich mit Wasser. Das heiße Wasser goss sie in einen großen Kübel. Mit einer Hand hielt sie ein Waschbrett, auf dem sie die Kleider mit der anderen Hand rubbelte. Ich sah wie benommen dem gleichmäßigen Rhythmus ihrer Hände zu, der Dampf stieg aus dem Kübel und legte sich wie Nebel auf ihr Gesicht. Sie fragte sogar Miriam nach ihrer Puppe und wusch auch die Puppenkleider. Kurze Zeit später hingen unsere Sachen auf der Wäscheleine und trockneten in der Sonne und dem Wind.

Am nächsten Morgen, das Läuten der Kirchenglocken dröhnte gerade in unseren Ohren, stürzte Jozef, noch ehe wir etwas essen konnten, ins Zimmer und bedeutete uns mit nervösen Gesten, so schnell wie möglich in unser Versteck zu gehen. Gardisten würden das Dorf nach Flüchtlingen absuchen, sagte er, und er habe Angst, dass sie auch zu ihm kämen.

Wir rannten in die Scheune, räumten das Stroh und die Bretter beiseite, stiegen in das Loch und setzten uns auf die Bank, genauso wie wir es geübt hatten. Jozef deckte den Eingang schnell wieder zu und postierte die Kuh darauf. Nachdem wir etwa zehn Minuten lang in angespannter Stille dasaßen, geschah etwas äußerst Unangenehmes. Die Kuh erleichterte sich, und ihr Urin troff durch die Ritzen und besprühte uns. Wenn wir nicht solche Angst gehabt hätten, wären wir in Gelächter ausgebrochen – oder in Tränen. Wir versuchten, die Köpfe abzuwenden. Wann würde endlich das Zeichen kommen, dass die Luft rein war?

Plötzlich hörten wir Geschrei und trampelnde Schritte. Jemand befahl Jozef, das Scheunentor zu öffnen. Die Tür ging auf, und Schritte näherten sich. Der Boden wurde abgeklopft. Jozef musste die Kuh zur Seite führen, und das Klopfen ging weiter, bis ein hohler Ton zu hören war. Dann befahl man Jozef, das Stroh zu entfernen, und die Bretter, die verrieten, dass darunter ein Hohlraum war, kamen zum Vorschein.

Wir waren wie hypnotisiert. Nach und nach fiel Licht in unser dunkles Loch. Wir zitterten vor Angst und Hilflosigkeit. Ronny hielt meine Hand und flüsterte: »Du wirst sehen, wir kommen hier wieder raus. Gott wird nicht zulassen, dass eine Liebe wie die unsere zu Ende ist.«

Diese Worte drangen in mich ein und erfüllten mein Herz. Ich wurde von einer seltsamen Ruhe ergriffen, die so gar nicht zur Situation passte. Noch heute sehe ich mich dort sitzen, mit Ronnys Hand in meiner, und höre seine Worte – Worte, die einen so nachhaltigen Eindruck auf mich machten!

Nachdem die Bretter entfernt worden waren, mussten wir aus der Grube steigen. Vater kletterte vor mir hoch und half mir hinauf. Drei junge Männer in Gardistenuniform lachten bei unserem Anblick laut los: »Seht euch diese elenden Gestalten an. Voller Kuhpisse!«

Mutter nahm all ihren Mut zusammen und sagte auf Deutsch: »Ich bin Christin. Wir sind vor den Bomben geflohen.«

Aber der Mann schrie sie an: »Stinkende Jüdin! Du wagst es, uns anzulügen!«

Er hob die Hand und schlug Mutter mit voller Wucht ins Gesicht. Dann grapschte er nach ihrem Ohr und riss ihr den Ohrring ab. Das Blut schoss aus dem Ohrläppchen. Mutter brach zusammen und schrie, und wir Mädchen weinten. Vater stand blass und versteinert daneben. Der Mann, der Mutter geschlagen hatte, schrie uns an, wir sollten sofort aufhören zu weinen, sonst würde er auch uns schlagen.

Ich dachte, dass nun auch Jozef bestraft werden würde, weil er uns geholfen hatte. Aber zu meiner Überraschung flüsterte einer der Gardisten ihm etwas ins Ohr und klopfte ihm auf die Schulter. Plötzlich wurde mir klar: Der Mann hatte uns verraten! Ich war verzweifelt. Als sich herausgestellt hatte, dass wir ihm kein Geld mehr geben konnten, war er zur Polizei gegangen und hatte uns denunziert. Die Gardisten trieben uns zur Eile an. Wir halfen Mutter auf. Sie blutete und weinte leise. Einer der Gardisten sagte, dass der Bus bald kommen würde, und wir sollten sofort mitkommen.

Sie ließen uns nicht einmal unsere Kleider mitnehmen, die auf der Leine hingen und noch nicht ganz trocken waren. Jetzt begriff ich, dass die Waschaktion Teil des Plans war. Man wollte uns nicht nur loswerden, sondern zuvor noch ausrauben. Als Miriam nach ihrer Puppe fragte, war sie verschwunden. (Nach der Befreiung sind wir in das Dorf zurückgekehrt, um die Puppe zu holen, an der Miriam so sehr hing. Wir fanden sie. Sie hatte keine Beine mehr, und Jozefs kleiner Sohn hatte ihr den Kopf eingedrückt. Trotzdem bestand Miriam da-

Die Puppe meiner Schwester Miriam, die sich heute im Museum von Yad Vashem befindet

rauf, die Puppe mitzunehmen. Sie befindet sich heute im Museum von Yad Vashem.)

Mit gesenkten Köpfen marschierten wir zur Bushaltestelle mitten im Dorf. Die Leute beobachteten uns durch die Fenster und durchbohrten uns mit ihren Blicken. Der Bus war brechend voll. Die Polizisten stiegen mit uns ein, und wir mussten stehen. Einer der Fahrgäste wollte Mutter, die immer wieder ein Taschentuch an ihr blutendes Ohrläppchen presste, seinen Platz anbieten. Aber der Gardist, der ihr die Verletzung zugefügt hatte, sagte: »Kümmere dich nicht um sie. Das sind nur Juden. Es besteht keine Veranlassung, ihnen einen Platz anzubieten.«

Den Leuten war das offensichtlich unangenehm, sie wandten sich ab und sagten nichts. Einer der Gardisten, der jüngste der drei, stand neben mir, und ich glaubte etwas wie Verlegenheit in seinen Augen zu lesen, als ob er sich schämte für das, was sie uns antaten. Ich nahm all meinen Mut zusammen und flüsterte ihm zu: »Was haben wir dir getan, dass du so gemein zu uns bist? Sind wir nicht alle Menschen, die nach Gottes Ebenbild geschaffen sind, so wie du?«

Er murmelte etwas, und ich glaubte zu verstehen: »Ich führe nur die Befehle aus. Das ist mein Beruf.«

Die Fahrt dauerte länger als eine Stunde. Schließlich erreichten wir Nitra. Von dort waren wir vor mehr als drei Monaten geflohen, obwohl es viel länger her zu sein schien, da wir seitdem so viel erlebt hatten. Wir hatten so viele Feuerproben bestanden, Tage voller Angst und Leid durchlebt, mit nur seltenen Momenten der Hoffnung und der Freude. War unser verzweifelter Versuch zu überleben endgültig gescheitert? Ich hatte keine Ahnung, wohin man uns brachte und was man mit uns vorhatte. Noch während wir im Bus waren, flüsterte Mutter mir zu, ich solle den jungen Gardisten um Erlaubnis bitten, in unsere Wohnung zu gehen und warme Kleidung zu holen. Ich nahm all meinen Mut zusammen, formulierte meine Bitte und war erstaunt, eine positive Antwort zu bekommen. Der Gardist willigte ein, uns in unsere Wohnung gehen zu lassen.

Als wir aus dem Bus stiegen, peitschte uns wieder der kalte Wind ins Gesicht. Wir machten uns auf den Weg zum Gefängnis und kamen an dem Haus vorbei, in dem wir bis zu unserer Flucht gewohnt hatten. Die Polizisten entfernten das Wachssiegel, öffneten das Schloss und sagten, dass Vater und ich mit einem von ihnen hineingehen dürften, um ein paar Kleidungsstücke zu holen. Als ich eintrat, hatte ich wieder das Gefühl des Erstickens, das ich schon kannte, und ich fühlte mich unendlich schwach – ich wurde fast ohnmächtig unter dem Ansturm der Gefühle. In dieser Wohnung hatte ich einmal gewohnt! Vater raffte schnell die Mäntel zusammen und eine Daunendecke und schnürte aus ein paar Sachen kleine Bündel. Draußen zogen wir uns warm an und gingen weiter zum Gefängnis, jeder von uns mit einem kleinen Bündel in der Hand.

Wir gingen mit gesenkten Köpfen durch die Straßen, die wir so gut kannten, und kamen bald zu einem hohen Gebäude. In einem Stockwerk war ein Kino, in den anderen befanden sich Verwaltungsbüros der Regierungsbehörde und der Deutschen sowie der Hlinka-Garde. Es gab ein weitläufiges Kellergeschoss, in dem sich die großen Öfen der Zentralheizung des Hauses befanden, sowie einige kleinere Räume, in denen die Kohle gelagert wurde. Im selben Geschoss hatte man auch ein Gefängnis eingerichtet, in dem die Juden der Region bis zu ihrer Deportation in die Konzentrationslager eingekerkert wurden.

Mitte Dezember 1944, nur wenige Monate vor Kriegsende, lebten nur noch wenige Juden in der Slowakei, so dass die Transporte selten geworden waren. Doch die Gardisten sagten, dass erst am Vortag ein Transport nach Polen abgegangen sei. Als wir in den Keller hinuntergebracht wurden, der nun unser neues »Zuhause« sein sollte, trafen wir daher nur einen einzigen Menschen an, einen jungen Juden namens Josef. Es tat ihm leid, dass sie uns geschnappt hatten, und er befürchtete, dass sie uns nach Polen schicken würden, wenn sie noch mehr Juden fänden.

Nachdem die Gardisten gegangen und wir allein waren, sagte Vater plötzlich auf Jiddisch: *»Geloibt zin Got, men huben ein dach ofen kopf.«*

Dieser Satz machte mich fertig. Natürlich waren wir hier vor der Kälte geschützt, und wir waren nicht mehr auf der Flucht – doch Vaters Ausspruch war absurd angesichts dessen, was uns möglicherweise drohte. Als wäre Vater dankbar und wollte Gott dafür preisen, dass wir gefangen genommen und eingesperrt worden waren. Ich fragte mich: Was ist denn mit Vater los, der stets nach Lösungen und Auswegen suchte? Hat er jegliche Hoffnung aufgegeben? Ist er bereit, sich dem Schicksal zu fügen? Vaters Ausspruch hat sich in unser kollektives Familiengedächtnis eingegraben, wir zitierten ihn bei allen passenden Gelegenheiten, zum Beispiel, wenn wir mit Leuten zusammen waren, die etwas schönredeten. Aber gleichzeitig, und das ist das Merkwürdige daran, machten wir uns diesen Spruch allen Ernstes zu eigen – vielleicht war es der Versuch, etwas Gutes an jeder noch so schrecklichen Situation zu finden.

Josef berichtete, dass er schon seit ein paar Monaten inhaftiert sei, wegen seines Berufs. Er war Schuhmacher und hatte sich mit einem der Wächter »angefreundet«, der mehr als froh war, dass nicht nur ihm, sondern auch seinen Kollegen und Bekannten Schuhe angefertigt oder repariert wurden. Dieser Wärter versteckte Josef vor jeder »Aktion«. Wenn eine neue Gruppe von Juden in den Keller gebracht wurde, hatte er Angst, dass er nun auch selbst an die Reihe kommen würde, wenngleich er stets hoffte, dass er verschont bliebe. Er berichtete, dass es einmal täglich Essen gebe und dass die Gefangenen arbeiten müssten. Sie schippten Kohlen.

»Betet, dass sie keine Juden mehr finden, weil sie uns dann nicht deportieren werden«, sagte Josef. Wir fragten nach der Mindestzahl von Juden, die für die Zusammenstellung eines Transports – nach seiner Erfahrung – erforderlich sei. Er sprach von fünfundzwanzig bis dreißig. Die Juden aus diesem Gefängnis würden mit Juden aus einem anderen Gefängnis zusammengelegt und dann gemeinsam nach Osten verschickt.

Im Gefängnis

Das Gefängnis schien die letzte Station unserer Wanderschaft zu sein. Die Zeit des Herumirrens und der unvorhergesehenen Begegnungen war vorüber. Wir schlossen unseren Frieden mit dieser letzten und unumkehrbaren Situation. Körper und Seele waren ausgelaugt nach diesen zweieinhalb Jahren der Flucht und der ständigen Suche nach einem Versteck, nach einem Leben voller Schmutz und Erniedrigung. Das Gefängnis bot uns Schutz vor Kälte und Regen. Außerdem bedeutete es das Ende der Ungewissheit.

Jeder von uns hatte eine schmale Matratze bekommen. Die riesigen Öfen, die sich im Keller befanden, gaben eine enorme Hitze ab, und die Luft war stickig.

Josef, der Schuhmacher, berichtete uns über den Gefängnisalltag. Die Aufseher versteckten ihn nicht nur, wenn ein Transport angesetzt war, sondern sie brachten ihm auch viel besseres Essen als den übrigen Gefangenen, und sie gaben ihm sogar Geld für Zigaretten oder Fleisch. Inzwischen hatten wir nichts mehr, weder Geld noch etwas, was sich zu Geld machen ließ. Die Essensportionen, die wir täglich bekamen, waren winzig.

An unserem zweiten Tag im Gefängniskeller begannen wir, die Räumlichkeiten zu erkunden. Besonders fasziniert waren wir von den dicken Rohren, die an den Wänden und den Decken entlangliefen und die Hitze im Gebäude verteilten. Hinter einem dieser Rohre entdeckten wir einen losen Backstein. Vater, neugierig wie immer, entfernte ihn, und zu unserem Erstaunen kam ein praller, mit einer Schnur zugebundener Beutel zum Vorschein. Er enthielt, wie sich herausstellte, eine große Geldsumme und eine teure Taschenuhr an einer langen Silberkette. Juden müssen diesen Schatz versteckt haben, ehe ihre grausamen Häscher ihnen alles abnehmen konnten, dachten wir. Vielleicht hofften sie, eines Tages wieder zurückzukommen und ihr Eigentum zurückfordern zu können. Wir wussten, das es nicht möglich sein würde, die Eigentümer ausfindig zu machen, und beschlossen, nicht zu riskieren, dass die Wachen das Geld fänden, sondern es selbst zu verwenden. Wir hofften, dass noch andere Wertsachen im Keller versteckt waren, aber unsere Suche blieb erfolglos.

Wir waren sehr glücklich über unseren Fund, denn mit dem Geld konnten wir unter Umständen unsere Lage verbessern – vielleicht konnten wir sogar eine Wache bestechen, um nicht deportiert zu werden. Inständig hofften wir, dass sie keine Juden mehr fangen würden – mit nur acht Personen würden sie keinen Transport zusammenstellen.

In der Zwischenzeit mussten die Männer Kohlen schippen – außer Josef, der einen eigenen kleinen Bereich hatte, in dem er unter Aufsicht Schuhe reparierte. Wenn sie die Kohlenkeller voll geschippt hatten, mussten sie die Öfen beheizen. Eine Wand des Kohlenkellers war eine Außenwand. Die dort aufgeschichtete Kohle reichte fast bis zur Decke. Tag für Tag wurde der Haufen kleiner, bis eine lange, sehr schmale Öffnung zum Vorschein kam. Jede neue Fuhre Kohle wurde durch diese Öffnung in den Kohlenkeller geschippt.

Manchmal begleiteten wir Mädchen die Männer und sahen durch die Öffnung die Menschen auf dem Gehweg. Wir konnten nur ihre Beine sehen, etwa bis zum Knie, und versuchten, an der Größe und dem Stil der Stiefel zu erkennen, ob es sich bei der jeweiligen Person um einen Erwachsenen handelte oder um ein Kind, einen Mann oder eine Frau. Es war wie ein Filmstreifen, dessen obere Hälfte man abgeschnitten hatte. Die Welt außerhalb des Gefängnisses kam uns wie ein Märchen vor, das nichts mit unserem Leben zu tun hatte. Auf der anderen Straßenseite sahen wir die Güterwagons, in denen die Kohle geliefert wurde. Vielleicht dienten sie auch für den Transport von Juden.

Am Ende eines Arbeitstages hatte der Gefängniswärter eine einfache und wirksame Methode, den Kohlenkeller zu verschließen. Er holte eine Türklinke aus seiner Tasche, steckte sie in die Tür, schloss zu und zog die Klinke wieder ab. So wurde die Tür bis zum nächsten Morgen gesichert. Wenn er die Tür dann morgens wieder öffnete, tat er das Gleiche in umgekehrter Reihenfolge.

An unserem dritten Tag im Gefängnis kam einer der Wärter nach unten und sagte zu Mutter, dass sie sich am nächsten Morgen oben melden solle, um die Büros zu putzen und die Sachen zu sortieren, die die Juden zurückgelassen hatten, als man sie deportierte. Doch da er feststellen musste, dass Mutter nur schlecht Slowakisch sprach, zog er den Befehl zurück. Dann sah er mich und sagte, dass ich anstelle meiner Mutter kommen solle. Er drehte sich um und ging, ohne eine Antwort abzuwarten. Wir diskutierten ausführlich darüber. Mutter war ganz besonders besorgt: Würde ich mit den Männern allein sein? Sie hatte Angst, dass sie mir etwas antun würden.

Für mich war es eine Chance, den staubigen Keller zu verlassen, aber ich wusste nicht, ob ich darüber glücklich oder traurig sein sollte. »Dort oben« würde ich saubere Luft einatmen können, aber der Gedanke, von meiner Familie und den Jungen getrennt zu werden, machte mir Angst. Außerdem, dachte ich, würde ich die Arbeit vielleicht gar nicht schaffen, weil ich keine Erfahrung hatte.

Am nächsten Morgen kam der Wärter und befahl mir, ihm nach oben zu folgen. Mutter versuchte einzuschreiten. Sie erklärte dem Wärter, dass ich nur ein Mädchen sei und noch nicht arbeiten könne. Aber der Wärter schnauzte sie an. Sie solle ihren Mund halten.

Wir stiegen ein paar Stufen hinauf. Jede Stufe führte mich

weiter von meiner Familie weg und ließ mein Herz noch lauter schlagen. Schließlich verließen wir das Treppenhaus und kamen in einen großen, hell erleuchteten Saal, in dem persönliche Sachen aller Art verteilt lagen.

Der Wärter befahl mir, die Sachen zu sortieren: Kleidungsstücke auf einen Haufen, Schuhe auf einen anderen und so weiter. Er warnte mich, nichts für mich selbst abzuzweigen. Geld und andere Wertsachen müsste ich den Wachen aushändigen. Am Ende des Tages würde man mich durchsuchen, sagte er. Sollte man gestohlene Gegenstände bei mir finden, würde man mich schwer bestrafen. Als er sich umdrehte und gehen wollte, fragte ich ihn, warum die Leute ihren Besitz zurückgelassen hätten. Er antwortete, dass pro Kopf nur maximal zwanzig Kilogramm erlaubt seien. Der restliche Besitz sei daher konfisziert worden, »zum Wohle des Staates«.

Der Wärter ging und schloss die Tür hinter sich ab. Ich sah auf die riesigen Haufen und war unendlich traurig. In jedem Kleidungsstück, das ich hochhob, fühlte ich noch die Wärme des Körpers, der es einst getragen hatte. Ich fragte mich, wer der jeweilige Eigentümer sein mochte, was ihm geschehen war, wo er sich jetzt wohl befand. Wann würde die Zeit kommen, da man auch unsere persönlichen Sachen sortieren würde?

Ich sortierte die Kleidungsstücke, wie man mir aufgetragen hatte, und durchsuchte die Taschen der Mäntel, Kleider und Röcke. Ich fand keine Wertsachen, aber unzählige Taschentücher. Ein paar steckte ich in meine Taschen, hoffte, dass sie bei der Durchsuchung keinen Verdacht erregen würden. Ich war glücklich, ein paar Stoffstücke horten zu können, da in den nächsten Tagen meine Menstruation fällig war. Am Ende des Arbeitstages, an dem sich niemand die Mühe machte, mir etwas zu essen oder zu trinken zu bringen, so als hätte man mich völlig vergessen, wurde ich in den Keller zurückgebracht. Alle waren erleichtert, dass ich unbeschadet zu ihnen zurückkehrte, und sie gaben mir etwas von ihren Essensrationen. Ich zeigte Mutter die Taschentücher, die ich eingesteckt hatte, und erzählte den anderen, dass man mich weder durchsucht noch gefragt habe, ob ich etwas an mich genommen hätte. Doch ich versprach, dass ich mich unter gar keinen Umständen in Versuchung führen lassen würde.

Der nächste Tag verlief wie der vorherige. Über Nacht waren neue Sachen geliefert worden, offenbar aus anderen Gefängnissen. Diesmal waren es nicht nur Kleidungsstücke, sondern auch Brieftaschen mit Familienfotos, Make-up, Kämme, Bürsten, Seife, sogar Parfümflaschen. Ich konnte der Versuchung nicht widerstehen und steckte einen Lippenstift, einen Kamm und ein Fläschchen mit Parfüm ein. Am Abend war ich wie gelähmt vor Angst, dass man mich durchsuchen würde. Ich schimpfte mit mir selbst, weil ich so dumm gewesen war, mich wegen solcher Kinkerlitzchen in Gefahr zu bringen. Aber wieder wurde ich nicht durchsucht.

An meinem dritten Tag nahm ich nichts – zum Glück, denn an diesem Tag wurde ich gefilzt. Danach wagte ich nicht mehr, irgendetwas einzustecken. Einmal fand ich sogar eine Brieftasche mit Geld, und ich gab sie am Ende des Tages ab. Der Wächter freute sich – ich bin sicher, dass er das Geld behalten hat.

Nachdem ich mehrere Tage lang diese persönlichen Sachen sortiert hatte, wurde ich in einen Konferenzraum geschickt, wo ich den Boden fegen und Bilder, Regale und Stühle abstauben sollte. Unter den Bildern an der Wand waren Porträts von Präsident Tiso und seinem Vorgänger Hlinka. Natürlich gab es auch eine Fotografie Hitlers. In der Mitte der Stirnwand hing ein riesiges Kruzifix. Was für eine teuflische Kombination, dachte ich: Der gekreuzigte Begründer des Christentums, der den Menschen Nächstenliebe gepredigt hatte, hing neben den Fotografien von Kriegsverbrechern, die in seinem Namen handelten. Wenn Jesus leben würde, dachte ich, würde er möglicherweise ein zweites Mal sterben, vor Kummer angesichts seiner Anhänger, die jede Ähnlichkeit mit Menschen verloren hatten und die Angehörigen seines eigenen (jüdischen) Volkes ermordeten.

In den folgenden Tagen sortierte und putzte ich abwechselnd. Als ich eines Tages nach der Arbeit in den Keller kam, war eine neue Familie zu uns gestoßen. Ein Elternpaar mit zwei Kindern, einem Sohn und einer Tochter, beide etwa zehn Jahre alt. Sie sagten, sie seien von den Leuten, bei denen sie sich versteckt hätten, verraten worden, obwohl sie der Familie viel Geld gegeben hätten. Mit der erhöhten Zahl der Inhaftierten wuchs das Risiko, deportiert zu werden.

Die Alliierten bombardierten Nitra, und wir beteten, dass eine Bombe unser Gebäude treffen würde, auch wenn uns das in Gefahr brächte. Es war der 21. Dezember 1944. Durch die schmale Öffnung des Kohlenkellers sahen wir, dass sich auf den Gehwegen der Schnee türmte. Wir waren froh, dass wir nicht frieren mussten.

Am nächsten Tag wurde ich wieder in eines der Büros zum Putzen geschickt. Als ich gefegt hatte und anfing, die Stühle abzustauben, kam ein Wachmann ins Zimmer. Ich hatte ihn noch nie gesehen. Er sagte nichts, beobachtete mich nur. Aus den Augenwinkeln sah ich einen breitschultrigen Mann mit schütterem Haar, ältlich – obwohl er vielleicht erst vierzig war und mir nur alt vorkam. Ich hatte Angst, dass er etwas an meiner Arbeit auszusetzen hatte, und konzentrierte mich aufs Staubwischen. Ich hob einen Stuhl hoch, kippte ihn auf die Seite und wischte die Vorderbeine, dann kippte ich ihn in die andere Richtung und wischte die Rückseite. Ich war so sehr in meine Arbeit versunken, dass ich nicht bemerkte, wie der Mann sich mir von hinten näherte. Plötzlich spürte ich seinen Atem im Nacken, er stank nach Alkohol. Der Mann drückte sich von hinten an mich, schlang seine Arme um meine Taille und zischte: »Lass den Stuhl und komm her. Ich werde dir nicht wehtun. Du bist ein schönes Mädchen, jammerschade um dich…« Und dann brach er plötzlich in Gelächter aus. Er beugte sich zu mir herunter und wollte mich küssen. Ich stieß ihn zurück und riss mich los. Obwohl ich schrecklich aufgeregt war, gelang es mir zu sagen: »Entschuldigen Sie, mein Herr, lassen Sie mich! Ich bin erst vierzehn. Sie werden doch eine Frau zu Hause haben.«

Der Wachmann hatte nicht damit gerechnet, dass ich mich so kühn zur Wehr setzen würde. Er sah mich sprachlos an und ging, ohne mich noch eines weiteren Blickes zu würdigen, aus dem Zimmer.

Eine Zeit lang blieb ich wie angewurzelt stehen, unfähig, mich zu bewegen, ich zitterte am ganzen Körper. Ich konnte kaum fassen, dass der Mann einfach gegangen war, ohne sich an mir zu befriedigen.

Am Abend erzählte ich den anderen unter Tränen, was geschehen war. Wir diskutierten über die Reaktion des Wärters und kamen zu dem Schluss, dass er vielleicht eine Tochter in meinem Alter hatte, an die ich ihn mit meinen Worten erinnert hatte. An den folgenden Tagen fürchtete ich ständig, irgendwelchen Wächtern zu begegnen, denn beim nächsten Mal würde eine solche Begegnung vielleicht anders enden. Später erfuhr ich, dass zahlreiche jüdische Frauen in dem Gefängnis vergewaltigt worden waren.

Vater, dem in jeder Lebenslage etwas einfiel, hatte in diesen Tagen einmal mehr eine revolutionäre Idee. Sie klang naiv, sogar verrückt: Er dachte an Flucht!

Am Abend des 22. Dezember, als ich von der Arbeit zurückkehrte, fragte Vater mich über die Türklinken der Büros aus. Ließen sie sich entfernen? Ja, ich hatte bemerkt, dass einige Klinken locker waren. Vater versuchte, mich zu überreden, eine dieser Klinken abzuziehen und mitzunehmen. Ich könnte sie in meiner Unterwäsche verstecken.

Wofür brauchte Vater eine Türklinke?

Dann erzählte Vater uns von seinem kühnen Plan. Der Heilige Abend in zwei Tagen wäre die beste Zeit zum Handeln. Die meisten Wachleute würden den Abend bei ihren Familien verbringen. Nur wenige von ihnen würden Dienst haben. Niemand würde auf die Idee kommen, in den Keller zu gehen, da sie alle damit beschäftigt wären, sich vollzustopfen und volllaufen zu lassen. In der Zeit würden wir mit Hilfe der Klinke die Tür zum Kohlenkeller öffnen, dann über den Kohlenberg klettern und durch die enge Öffnung auf die Straße schlüpfen.

Wir fanden die Idee verrückt und hielten den Plan für nicht durchführbar. Die Öffnung war nur etwa fünfzig Zentimeter breit, und wir würden kaum durchpassen. Und selbst wenn wir es irgendwie schafften hinauszukrabbeln – die Straße würde voller Menschen sein. Wie sollten wir da unbemerkt bleiben? Josef hatte uns erzählt, dass es bisher noch niemandem gelungen sei, aus dem Gebäude zu fliehen. Aber Vater glaubte, dass am Heiligen Abend, diesem Fest der Familie, an dem alle zu Hause waren und glücklich und zufrieden zu Tisch saßen, nachdem sie die Christmette besucht hatten, die Straßen menschenleer sein würden. Der Erste, der durch die Öffnung gekrabbelt wäre, würde den Nachfolgenden ein Zeichen geben, wenn die Luft rein war, und dann über die Straße rennen und sich in einem der Güterwagons verstecken, die genau gegenüber standen. Wenn wir dann alle draußen wären, würden wir unsere Bündel schultern (einschließlich der Steppdecke, die weitaus mehr wert war als ihr Gewicht in Gold) und ohne Eile losziehen, um keinen Verdacht zu erregen. Wir würden nach Jarok zurückgehen, wo wir uns wieder in den Löchern verstecken könnten. Der Krieg tobte noch heftiger als zuvor, die Flugzeuge der Alliierten bombardierten die Stadt. Viele Menschen flohen mit ihrer Habe in die Dörfer der Umgebung, in denen es sicherer war. Wir würden also keinen Verdacht erregen, wenn wir mit unserem wenigen Gepäck zu Fuß die Stadt verließen.

Wir hatten weiterhin Einwände und Zweifel, schlossen uns aber nach längerer Diskussion Vaters Meinung an und glaubten schließlich fest daran, so wie er, dass die Flucht gelingen würde. Selbstverständlich weihten wir Josef und die andere Familie in das Geheimnis ein. Wenn sie nicht mitkämen, würde man sie stellvertretend für uns bestrafen.

Aber eine wesentliche Voraussetzung für die Flucht musste erst noch geschaffen werden. Würde ich unbemerkt eine Türklinke stehlen können? Ich hatte große Angst und fürchtete ganz besonders, dass der Mann, der versucht hatte, mich zu vergewaltigen, wiederkommen und mich anfassen und die versteckte Türklinke unter meiner Kleidung fühlen würde. Aber ich sagte nichts, denn wenn ich den anderen von meinen Befürchtungen erzählt hätte, wäre der Plan sofort fallen gelassen worden, nur um mich zu schützen.

Nur mit Ronny sprach ich darüber. Er verstand meine Bedenken. Auch er hatte ein Problem: An diesem Tag war ihm bei der Arbeit im Kohlenkeller ein voller Kohlenkasten auf den Fuß gefallen. Zwei seiner Zehen waren gequetscht worden. Jetzt waren sie blau angeschwollen und taten sehr weh. Er krümmte sich vor Schmerzen und flüsterte mir zu: »Selbst wenn wir fliehen könnten – wie soll ich mit diesem wunden Fuß den weiten Weg nach Jarok schaffen?«

Mir fiel nichts ein, um ihn aufzumuntern. Ich dachte die ganze Zeit nur an meine Mission.

In der Nacht tat ich kaum ein Auge zu. War ich stark genug für diesen Job? Ich bin sicher, dass ich nicht die Einzige war, die von dieser Frage gequält wurde. Alle anderen müssen das Gleiche gedacht und die gleichen Zweifel gehegt haben.

Der Morgen des 23. Dezember kam. Der Wachmann, der mich abholte, kündigte mir an, dass ich an diesem Tag nochmals putzen müsse, am nächsten Tag aber, am Heiligen Abend, bei den anderen im Keller bleiben dürfe. Er war freundlicher als sonst, setzte sich sogar eine Weile zu uns und erzählte, dass er an den Feiertagen bei seiner Familie sein würde.

Ich ging nach oben, so wie jeden Morgen. Das Büro, in dem ich putzen sollte, hatte nur eine Tür, die zum Flur hinausging. Ich wusste, dass ich an diesem Tag zum letzten Mal die Chance hatte, eine Türklinke zu stehlen, die uns vielleicht zur Freiheit verhelfen würde. Ich zog an der Klinke, aber sie bewegte sich nicht – sie war festgeschraubt. Was tun? Wo fand ich eine andere Türklinke? Ich fing an, das Büro zu putzen, aber ich war so nervös, dass meine Hände mir nicht gehorchen wollten.

Gegen Mittag schlich ich auf den Flur, von dem mehrere Büros abgingen. Die meisten waren verlassen, auch in den beiden Toilettenräumen war niemand. Ich stand still und lauschte. Ich hörte, wie in der Kantine im Stockwerk über mir die Stühle herumgeschoben wurden. Die Wachen machten Mittagspause. Danach würde der Wachmann vom Dienst mir etwas zu essen bringen und mich vermutlich einschließen. Ich musste sofort eine Türklinke finden. Jetzt oder nie!

Auf Zehenspitzen ging ich den Flur hinunter und probierte sämtliche Türgriffe. Ich öffnete eine Tür nach der anderen, versuchte, eine Klinke abzuziehen, und schloss die Tür dann wieder. Schließlich hatte ich Glück und fand eine Klinke, die locker war. Ich schwitzte vor Aufregung. Schnell steckte ich mir die Klinke unter den Arm und legte ihn eng an. Dann schlich ich zurück ins Büro. Ich versteckte den Türgriff unter einem Stapel Papier in einem Regal und arbeitete weiter.

Bald darauf kam ein Wachmann, den ich nicht kannte, und brachte mir etwas zu essen. Ich bekam eine größere Portion als sonst, mit einer Extrawurst, wegen der Feiertage. Ich war schrecklich nervös, versuchte aber, mich ganz natürlich zu verhalten. Gegen Abend, kurz bevor der Wachmann kam, der mich zurück in den Keller bringen würde, nahm ich die Klinke und steckte sie mir unter den Arm.

Mein Herz raste, als der Wachmann erschien. Es war der übliche Wärter, der mich leutselig, schon in Feiertagslaune, begrüßte und mich zur Eile antrieb. Er wolle nach Hause und den Weihnachtsbaum schmücken. Ich versuchte, ganz ruhig zu sein, aber meine Hände zitterten. Doch der Wachmann merkte nichts. Er kontrollierte flüchtig, ob das Büro geputzt war, und befahl mir, ihm zu folgen. Ich drückte den Arm fest an, damit die Klinke nicht herausrutschen konnte. Ängstlich schielte ich zum Wachmann hinüber, aber der war entspannt und erzählte, dass die Gefangenen am Heiligen Abend ein besonders gutes Essen bekämen. Im Keller verabschiedete er sich, indem er uns frohe Weihnachten wünschte, und stieg eilig wieder die Treppe hinauf.

Nachdem die Schritte des Wachmanns sich entfernt hatten, sahen mich alle erwartungsvoll an. Ich holte die Klinke hervor und brach in Tränen aus. Ronny kam zu mir und streichelte meinen Kopf. Alle sahen mich dankbar an und umarmten und küssten mich, aber ich hatte immer noch entsetzliche Angst, dass jemand die fehlende Türklinke bemerken würde. Natürlich würde man zuerst das jüdische Mädchen, das die Büros putzte, verdächtigen. Aber der Abend verlief friedlich. Vater versteckte die Türklinke an einem sicheren Ort, und wir besprachen nun die Einzelheiten des Plans, der am Heiligen Abend ausgeführt werden sollte.

Heiligabend

Die Stimmung am Morgen des 24. Dezember war verändert. Man hörte ein geschäftiges Hin und Her, Musik aus den oberen Stockwerken drang bis zu uns in den Keller. Trotzdem kam ein Wachmann und öffnete, wie jeden Tag, die Tür zum Kohlenkeller mit einer Klinke, die er dann wieder mitnahm.

Zusätzlich zu der Kanne Tee und den Brotscheiben – unserem normalen Frühstück – gab man uns ein paar Kekse, weil Weihnachten war. Josef, der Liebling des Wärters, bekam außerdem Zigaretten und eine Wurst. Der Wachmann sagte den Männern, dass sie ihr tägliches Pensum heute etwas schneller erledigen müssten. Er wolle schon am frühen Nachmittag nach Hause gehen, um mit seiner Familie Weihnachten zu feiern.

Draußen herrschte eine klirrende Kälte, nachts hatte es geschneit, und die Öfen mussten beheizt werden. Die Männer mussten also arbeiten, trotz der Feiertage. Bald würden sich nur noch wenige Wachleute in dem Gebäude aufhalten, und am Nachmittag würde das Leben in der Stadt zum Stillstand kommen. Selbst der öffentliche Verkehr würde bis zum anderen Morgen eingestellt werden.

Ich erinnerte mich an Weihnachten in Michalovce: Die Straßen waren geschmückt und hell erleuchtet, und die Weihnachtsbäume auf den Plätzen verliehen der Stadt einen festlichen Glanz. Der Kontrast zwischen dem leuchtend weißen Schnee und dem dunklen Grün der Bäume hatte mich als Kind stets besonders beeindruckt. Aber heute Nacht würde alles dunkel sein – die Straßenlaternen brannten nicht, es gab keine geschmückten Bäume auf öffentlichen Plätzen, und kein bunter Lichterglanz würde aus den Fenstern auf die Straßen fallen – weil Krieg war und Bomben fielen, ohne Rücksicht auf Weihnachten. Das war unsere Chance. Nach Einbruch der Dunkelheit würden wir unseren Plan ausführen.

Die Zeit verging quälend langsam. Da ich nicht arbeiten musste, ging ich zum Kohlenkeller, um den Männern bei der Arbeit zuzusehen – Vater, den drei Jungen und Herrn Simon. Ich sah ihren rhythmischen Bewegungen zu. Sie schoben die Briketts auf die breiten Schaufeln und warfen sie in die Kisten. Ronny biss die Zähne zusammen: Sein Fuß tat höllisch weh, aber er bestand darauf zu arbeiten, damit die anderen nicht seinetwegen mehr arbeiten mussten.

Ich betrachtete die enge Öffnung, durch die wir ins Freie kriechen sollten. Es schien unmöglich zu sein. Vielleicht würden wir Kinder es schaffen, aber die Erwachsenen? Natürlich waren sie dünn, nachdem sie monatelang wenig und schlecht gegessen hatten, aber sie waren immer noch breiter als wir Kinder. Und selbst wenn wir es schafften – was würde uns draußen erwarten?

Jeder Passant, jeder Betrunkene, dem wir auf der Straße begegneten, konnte uns ausliefern. Ich versuchte, mir alle Zweifel und Sorgen auszureden, aber es wollte mir nicht recht gelingen. Wie würden die Wachleute reagieren, wenn sie unsere Flucht bemerkten? Sie waren für uns verantwortlich, und sie würden sich daher umso mehr anstrengen, uns zu fangen und zu bestrafen, nicht zuletzt, um nicht selbst bestraft zu werden.

Die Sonne neigte sich dem Horizont zu. Jeden Moment würde der Wachmann kommen, den Kohlenkeller abschließen und uns unseren Tee und das Brot bringen, so wie jeden Abend. Wir warteten auf ihn und waren sehr nervös. Unsere wenigen Kleidungsstücke und die Steppdecke hatten wir mit einer Schnur zusammengebunden, die wir gefunden hatten.

Unsere Anspannung wuchs, als wir die Schritte des Wachmanns hörten. Würde ihm etwas an unserem Verhalten auffallen? Nein – er hatte es eilig. Er stellte das Essen ab, verschloss den Kohlenkeller, steckte die Klinke in die Tasche und ging sofort wieder. Als seine Schritte verklungen waren, gingen wir ein letztes Mal in allen Einzelheiten unseren Plan durch. Bald würden wir die Tür zum Kohlenkeller mit der gestohlenen Klinke öffnen. Einer von uns würde an der Treppe Wache stehen und die anderen warnen, sollte er jemanden kommen hören. Wir einigten uns auf die Reihenfolge, in der wir ausbrechen würden. Die Familie Simon würde zuerst gehen, dann wir, und schließlich Josef und die drei Jungen.

Der Abend kam. Vater steckte den Metallgriff in den Schlitz der Kohlenkellertür, drehte ihn – und die Tür ging auf. Wir schwiegen, doch unsere Herzen hämmerten wie wild. Die Familie Simon verabschiedete sich von uns mit Umarmungen und Küssen, und wir wünschten ihnen mit zitternder Stimme alles Gute und viel Glück. Sie hatten sich für eine andere Fluchtroute entschieden und würden nicht mit uns gehen. Sie betraten den Kohlenkeller und stiegen über den Kohlenhaufen zum Fenster. Mühsam gelang es Herrn Simon, durch die enge Öffnung zu kriechen. Dann wartete er auf dem Gehsteig. Die beiden Kinder folgten. Ihre Mutter schubste eins nach dem anderen in die Arme des Vaters. Eine Minute später verschwand auch sie durch die Öffnung.

Gerade als wir an der Reihe waren, hörte unser Posten jemanden kommen. Wir erstarrten. Panik ergriff uns. Wir waren verloren. Vater schloss die Tür zum Kohlenkeller wieder zu und zog den Griff ab. Wir setzten uns auf unsere Strohmatratzen, als wollten wir uns schlafen legen, und warfen ein paar Kleidungsstücke und die Steppdecke über die Matratzen der Familie Simon. Deprimiert warteten wir darauf, dass die Ereignisse ihren Lauf nahmen. Der Wachmann würde mit Sicherheit bemerken, dass vier Leute fehlten.

Ein junger Mann, ungefähr zwanzig Jahre alt und in der Uniform der Hlinka-Garde, erschien am unteren Treppenabsatz. Er lächelte freundlich, ging zu Josef, seinem Kumpel, und bot ihm eine Zigarette an. Er sagte, er sei einsam, er langweile sich an diesem Heiligen Abend. Seine Freunde seien alle bei ihren Familien, und er sei fast allein auf der Wache. Sein Atem roch nach Alkohol, und seine Augenlider waren schwer. Er war offensichtlich betrunken. Hin und wieder sah er sich um, redete und lachte, sagte, dass er glücklich sei, weil es an Weihnachten keine Luftangriffe gebe. Er legte sich auf eine Matratze und blieb bis spät in die Nacht, derweil wir im Stillen beteten, dass er nicht nach den fehlenden Gefangenen fragen würde. Möglicherweise wusste er gar nichts von der Familie Simon, so dass ihm ihr Fehlen auch nicht auffiel. Endlich stand er auf, reckte sich, wünschte uns eine gute Nacht und frohe Weihnachten. Er ging die Treppe hoch und verschwand. Wieder waren wir einem Unglück entkommen! »Der Himmel ist uns gnädig«, flüsterte Vater.

In größter Eile zogen wir uns an und schnürten wieder die Steppdecke und die Kleidungsstücke zusammen. Vater schloss wieder die Tür auf und kletterte auf den Kohlenhaufen. Er erinnerte uns daran, dass wir, sobald wir auf dem Gehsteig wären, über die Straße rennen, in den Güterwagon klettern und dann auf die anderen warten sollten.

Mutter kroch als Erste hinaus – sie hatte keine Schwierigkeiten, sich durch die Öffnung zu zwängen, weil sie so dünn war –, dann folgten wir drei Mädchen, eine nach der anderen. Die winterliche Kälte war wie ein Schlag ins Gesicht. Ich rannte mit Mutter und meinen Schwestern zu dem Wagon, wir kletterten hinein und schauten gebannt auf die Kelleröffnung. Wir sahen Vater hinauskriechen und dann darauf warten, dass die Jungen ihm die Steppdecke durch das Fenster schoben. Er zog am anderen Ende, aber die Daunendecke blieb stecken. Er konnte sie nicht herausziehen. Damit der

Stoff nicht zerriss und die Federn verstreut wurden, schob Vater die Decke wieder in den Keller zurück. Immer wieder versuchten sie es, immer mit dem gleichen Ergebnis, und trotz der ernsten Lage mussten wir lachen, weil es so komisch war. Dann gab Vater den Jungen im Keller ein Zeichen, und die Steppdecke wurde zurückgezogen und war nicht mehr zu sehen. Plötzlich machte Vater ein paar Schritte zur Seite und bückte sich, als wollte er seinen Schuh zubinden. Ein Gruppe von Leuten näherte sich, sie lachten laut und waren gut gelaunt. Sie schubsten sich gegenseitig und amüsierten sich, wahrscheinlich waren sie betrunken. Sie hatten Vater offensichtlich erschreckt. Aber sie gingen vorbei, ohne ihn zu beachten.

Als die Nachtschwärmer um die Ecke verschwunden waren, ging Vater wieder zur Öffnung und signalisierte den Jungen, dass sie die Steppdecke wieder hindurchschieben sollten. Wieder blieb sie stecken, aber wir wussten, dass Vater nicht aufgeben würde. Angesichts der extremen Kälte war die Steppdecke unsere einzige Chance, nicht zu erfrieren. Deshalb beharrte Vater so sehr darauf, sie mitzunehmen. Schließlich schafften sie es. Vater hielt die Decke in seinen Händen, er legte sie sich über die Schulter und rannte zu uns. Dann erschienen Josef und zwei der Jungen, einer nach dem anderen rannten sie über die Straße.

Wir waren alle wohlbehalten in dem Wagon, bis auf Eli, Ronnys Bruder. Wir warteten und warten, aber er erschien nicht. Was hielt ihn auf? Wir strengten unsere Augen und Ohren an, falls er uns rief oder uns ein Zeichen gab, aber wir hörten und sahen nichts. Vielleicht hatte man ihn erwischt. Unsere Nerven waren zum Zerreißen gespannt. Josef verlor die Geduld und beschloss zu gehen. Er sagte, er würde einen Bekannten aufsuchen, der ihn verstecken könnte. Wir verabschiedeten uns tief bewegt. Auch wenn wir uns erst kurze Zeit kannten, die gemeinsam durchstandene Haft hatte uns einander sehr nahe gebracht, und wir sorgten uns um ihn wie um einen nahen Verwandten.

Wir warteten lange auf Eli. Dann entschlossen wir uns schweren Herzens, ohne ihn zu gehen. Jede weitere Verzögerung würde bedeuten, dass wir Jarok nicht mehr im Dunkeln erreichen und sicher in einen der Weinkeller gelangen würden – der einzige Ort, der uns für die nächste Zeit Schutz bieten konnte. Ich sah die Enttäuschung und den Kummer in Ronnys Augen. Er zögerte. Sollte er mitkommen und seinen Bruder einem unbekannten Schicksal überlassen oder auf ihn warten? Schließlich ließ er sich überzeugen, dass er nichts für dessen Rettung tun konnte, und ging mit.

Vater trug die zusammengerollte Steppdecke, während meine kleine Schwester Miriam auf den Schultern des älteren Jungen, Jan, saß. Die Straßen waren leer, wegen der Kälte und weil Weihnachten war. Nach einer Weile begegneten wir einer Gruppe von Leuten, die uns erstaunt ansahen, uns aber nur frohe Weihnachten wünschten. Wir erwiderten den Gruß und fügten hinzu, dass wir auf dem Weg zu Verwandten auf dem Land seien, wo wir die Weihnachtstage verbringen wollten. Das klang nur vernünftig. Viele Bewohner der Stadt flohen in die nahen Dörfer, manche auf Pferdewagen, andere zu Fuß, meistens nachts, da die Luftangriffe vor allem tagsüber erfolgten.

Unsere Hände und Füße waren eiskalt. Glücklicherweise hatten wir warme Mützen und Wintersachen, die wir, samt der Daunendecke, aus der Wohnung geholt hatten. Wir gingen schnell, um uns zu wärmen, vor allem die Füße, und um Jarok noch vor Morgengrauen zu erreichen. Wir hatten noch einen weiten Weg vor uns. Ronny, der nur schwer gehen konnte, schleppte sich hinterher. Ich blieb bei ihm. Er litt sehr– zum einen wegen der Schmerzen in seinem Fuß, zum anderen wegen seines Bruders. Und er wurde von Gewissensbissen geplagt, weil er nicht auf ihn gewartet hatte. In seiner Verzweiflung sagte er leise, er werde am nächsten Morgen in die Stadt zurückkehren und sich den Behörden stellen, um wieder bei seinem Bruder zu sein. Er glaubte, dass sie Eli geschnappt hätten. Ich versuchte, ihn zu trösten und ihn davon zu überzeugen, dass sie bald wieder zusammen sein würden, sagte ihm, dass er die Hoffnung nicht aufgeben solle. Schließlich waren wir auf der Flucht kaum jemandem begegnet, weil alle Weihnachten feierten. Die Christen verschwendeten an diesem Abend keinen Gedanken an Juden, und es war nicht sicher, dass man Eli erwischt hatte. Die Chancen standen immer noch sehr gut, dass er den Weg zu uns nach Jarok fand. Ich glaube, dass Ronny aus meinen Worten Zuversicht schöpfte, und wir zogen weiter, blickten hin und wieder zurück, um uns zu vergewissern, dass uns niemand folgte.

Wir malten uns die Reaktion der Wachleute aus, wenn sie das Gefängnis am nächsten Tag leer vorfanden. Sie würden zweifellos außer sich vor Wut sein und sich gegenseitig beschuldigen, aber vor allem würden sie sich nicht erklären können, wie wir die Tür zum Kohlenkeller aufbekommen hatten, dem einzigen Raum, der ein Fenster besaß und somit einen Weg ins Freie eröffnete. Sie würden sich gedemütigt fühlen, denn niemandem war bisher die Flucht aus diesem Gefängnis gelungen. Doch nun hatte eine ganze Gruppe samt Kindern sie überlistet und war aus einem angeblich sicheren Gefängnis geflohen.

Wir waren überzeugt, dass man eine groß angelegte Suchaktion starten würde, um uns zurückzubringen und zu deportieren. Würden wir unser Ziel erreichen, ehe sie uns aufspürten? Zum Glück konnten sie nicht wissen, in welche Richtung wir gegangen waren, denn das Dorf Cabaj-Čápor, wo wir bei dem Bauern untergekommen waren, der uns dann verraten hatte, lag in entgegengesetzter Richtung von Jarok, wo wir uns wieder unter der Erde verstecken wollten.

Die Nacht war sternenklar. Nach einem stundenlangen

Fußmarsch sahen wir endlich die ersten Silos am Ortseingang von Jarok. Unser Ziel waren die Weinkeller, die zwischen diesen Silos und den Häusern lagen.

Wir konnten uns noch an den Weg zu dem Loch erinnern, in dem wir uns dreieinhalb Wochen zuvor versteckt hatten. Wir nahmen uns zusammen, um nicht vor Freude laut zu schreien, als wir es erreichten und schleunigst hineinkrochen. Vater tarnte die Öffnung, so wie er es immer gemacht hatte. Wir waren glücklich und konnten immer noch nicht fassen, dass unsere waghalsige Flucht gelungen war und wir sogar »unser« Loch gefunden hatten. Vater sagte scherzhaft, dass wir jetzt nur noch einen *minyan* brauchten – zehn Männer, die älter als dreizehn sind –, um das Dankgebet zu sprechen.

Nur Ronny konnte unser Glück nicht teilen. Er war deprimiert und sagte, er würde nur bis zum Morgen warten. Wenn sein Bruder bis dahin nicht auftauchen würde, sagte er, würde er zum Gefängnis zurückgehen, um ihn zu suchen. Wir versuchten, ihn aufzuheitern und ihm diese Idee auszureden, denn wir wussten, dass die Gardisten ihn so lange foltern würden, bis er unser Versteck verriet.

Wir bereiteten uns schweigend auf die Nacht vor, deckten uns mit der weichen Steppdecke zu und schliefen sofort ein. Ehe ich mich hinlegte, versuchte ich, Ronny zu trösten. Aber er wollte nicht mit mir sprechen und nicht umarmt werden. Er war still und in sich gekehrt, überließ sich seinem Kummer. Ich wollte ihn beruhigen, mich neben ihn legen, aber er war verschlossen und zog sich zurück.

Kurze Zeit später, noch vor Sonnenaufgang, hörten wir über uns Geräusche, und jemand machte sich daran, die Bretter und das Stroh zu entfernen. Wir erstarrten vor Schreck. Hatten unsere Verfolger unsere Fußspuren gefunden und uns bis hierher verfolgt? Eine dunkle Gestalt kroch auf uns zu, und einen Moment später hörten wir Elis vertraute Stimme.

Kaum hatte Eli sich zu erkennen gegeben, brach er auch

schon in Tränen aus. Die beiden Brüder fielen sich in die Arme, und dann umarmten wir ihn alle und bombardierten ihn mit Fragen. Er berichtete, dass er, als er gerade die Straße überqueren wollte, Schritte gehört habe, die ihm Angst machten. Er sei bis zum Ende des Zuges gerannt und habe sich im letzten Wagon versteckt. Als er schließlich gewagt habe herauszukommen, habe er uns gesucht, aber nicht gefunden. Eli verstand, dass wir nicht länger auf ihn hatten warten können. Schließlich sei er losgegangen. Er habe einen Umweg gemacht und immer wieder eine Pause eingelegt, um sich zu verstecken. Deshalb sei er so lange unterwegs gewesen.

Worte können nicht beschreiben, wie froh wir waren, wieder alle zusammen zu sein. Unsere Herzen flossen über, und wir dankten Gott, dass wir so großes Glück gehabt hatten. Wir erinnerten uns an all die kleinen und großen Wunder, die uns in den vergangenen Monaten zuteil geworden waren. Als wir uns völlig erschöpft hinlegten, konnte Eli sich unter der Steppdecke aufwärmen. Ehe wir einschliefen, überlegte Vater noch, wie wir Vincent über unsere Rückkehr informieren sollten, so dass er uns wieder mit Nahrungsmitteln versorgen könnte.

»Großmama, du hast mir gar nicht erzählt, was die Simons erlebt haben, die als Erste aus dem Gefängnis geflohen sind. Habt ihr sie je wiedergesehen? Oder Josef, den Schuhmacher?«, fragte Omer.

»Nach dem Krieg bekamen wir die traurige Nachricht, dass sie nicht so viel Glück hatten wie wir. Wenige Tage nach ihrer Flucht wurde die Familie Simon verhaftet und in ein Konzentrationslager deportiert. Die Mutter und die beiden Kinder wurden ermordet, aber der Vater hat überlebt – allein, krank und verzweifelt. Wir sahen ihn nach dem Krieg wieder und haben ihn kaum erkannt. Vor uns stand ein alter, gebrochener Mann, der sehr verbittert war und kaum ver-

hehlen konnte, dass er uns um unser Glück beneidete. Auch Josefs Schicksal war tragisch. Am Tag nach der Flucht, als er noch auf dem Weg zu seinem Bekannten war, stöberten die Gardisten ihn auf und riefen ihn an, und als er nicht stehen blieb, haben sie ihn erschossen. Wir waren sehr traurig, als wir davon erfuhren, und haben tagelang um ihn getrauert.«

Lungenentzündung

Die Wirklichkeit schien uns unwirklicher als jede Fantasie. Als wir Monate später aus dem längsten Albtraum unseres Lebens erwachten, erzählten wir die unglaubliche Geschichte unserer dramatischen Flucht wieder und wieder. Doch für den Moment mussten wir zu unserer alten Routine zurückkehren. Zuerst mussten wir Kontakt mit den Tokolys aufnehmen und sie bitten, uns wieder mit Essen zu versorgen. Ich weiß nicht mehr, wie wir den Mut aufbrachten und wie wir es anstellten, Vincent am helllichten Tag mitzuteilen, dass wir zurückgekehrt waren. Aber ich erinnere mich gut daran, dass an diesem Tag, dem 25. Dezember 1944, das Ehepaar Tokoly mit Nahrungsmitteln kam. Wir mussten ihnen immer wieder die unglaubliche Geschichte unserer Flucht erzählen. Sie schrien vor Erstaunen auf, und in ihren Augen las ich, wie sehr sie uns für unseren Wagemut bewunderten. Sie bezeichneten uns sogar als Helden. Schnell verbreitete sich im Dorf die Nachricht von der jüdischen Familie, die nicht aufgegeben und es gewagt hatte, mitsamt ihren Kindern aus dem bestbewachten Gefängnis des Distrikts zu fliehen. Die Dorfbewohner waren mehr denn je bereit, uns zu helfen. Sie sahen unsere Flucht als heroische Tat an und als ein Wunder, ein Zeichen Gottes.

Nach einigen Tagen, als klar war, dass die Polizei uns nicht suchte, waren die Tage unter der Erde wieder genauso endlos und eintönig wie zuvor. Jeden Sonntag kam Vincent mit Nahrungsmitteln, wie früher. Das alte Jahr ging zu Ende und am Neujahrstag 1945 überraschten uns die Brüder Tokoly, indem sie uns mittags besuchten und zur Feier des Tages Brot, Getränke und Kuchen mitbrachten. Der Pfarrer schickte uns Fleischkonserven, Würste und Äpfel.

An den ersten drei Tagen des neuen Jahres besuchten uns die Brüder häufig. Sie brachten uns jedes Mal Essen und überschütteten uns mit ihrer Aufmerksamkeit. Vincent blieb stundenlang bei uns sitzen, und wir unterhielten uns im Schein der Petroleumlampe. Die Gerüchte über das nahe Ende des Krieges machten uns natürlich glücklich. Die Rote Armee hatte bereits einen großen Teil der Ostslowakei befreit. Vincents Optimismus steckte uns an, und allmählich glaubten wir, dass unsere Rettung nahte.

Aber trotz aller Hoffnungen warnten unsere Freunde uns davor, die Höhle bei Tageslicht zu verlassen. Die Deutschen würden auf ihrem Rückzug nach wie vor nach Juden fahnden. Sie würden sich nicht mehr die Mühe machen, sie zu deportieren, sondern sie an Ort und Stelle erschießen.

Eines Tages boten uns Vincent und Anna an, bei ihnen zu baden. Sie wussten, wie sehr wir unter den schlechten hygienischen Bedingungen in der Höhle litten und dass es unmöglich war, sich mit dem eiskalten Wasser der Quelle gründlich zu waschen. Sie luden uns ein, abends in ihr Haus zu kommen. Wir sollten baden, etwas ruhen und dann mit ihnen zu Abend essen.

Als wir ihr bescheidenes Haus betraten, war schon alles vorbereitet. In einer Ecke des Zimmers stand ein runder großer Bottich mit dampfend heißem Wasser. Meine Schwestern und ich waren die Ersten, die sich ihre schmutzigen Kleider auszogen und in den Bottich stiegen. Wir hatten seit Ewigkeiten nicht mehr warmes Wasser auf unserer Haut gespürt. Wir hielten den Atem an und tauchten unter, und dann wusch Mutter uns die Haare. Welch wonniges Gefühl, als das Wasser aus den Haaren über die Schultern floss! Ich kam mir herrlich unbeschwert vor. Nach uns nahmen Mutter und Vater ihr Bad.

Als wir in die Höhle zurückkehrten, fühlten wir uns wunderbar, wir waren zuversichtlich, dass das Ende des Krieges kurz bevorstand. Bis dahin aber müssten wir in unserem Versteck ausharren.

Am Tag nach unserem Besuch bei den Tokolys wachte ich mitten in der Nacht auf und zitterte am ganzen Körper. Ich hatte einen schweren Kopf, und mir war übel. Ich hustete so laut, dass ich die anderen aufweckte. Ich sagte Mutter, dass mir der Hals und der Kopf wehtäten. Und ich zitterte so sehr, dass meine Zähne aufeinander schlugen, obwohl ich bis zum Kinn mit der Steppdecke zugedeckt war.

Mutter legte mir die Hand auf die Stirn und meinte, ich hätte hohes Fieber, mein Zustand sei sehr ernst. Ich hätte mich wohl nach dem warmen Bad in der Kälte verkühlt, sagte sie besorgt. Erstaunlicherweise war bisher niemand von uns, trotz allem, was wir durchgemacht hatten, krank geworden. Wir hatten noch nicht einmal eine gewöhnliche Erkältung gehabt. Jetzt hatten wir eine neue Sorge. Niemand wusste, was mir fehlte, und natürlich hatten wir keine Medikamente. Die Bedingungen in dem Loch erlaubten es auch nicht, eine Tasse Tee zu kochen.

Den ganzen nächsten Tag lag ich unter der Steppdecke, ich zitterte fürchterlich und hatte hohes Fieber, und immer wieder wurde ich von heftigen Hustenanfällen geplagt. Bisweilen verlor ich sogar das Bewusstsein. Die abgestandene, feuchte Luft in der Höhle war bestimmt nicht gut für mich, aber es kam nicht in Frage, mit mir hinaus in die Kälte zu gehen. Die einzig mögliche Maßnahme bestand darin, ein Stück Stoff mit Schnee zu füllen und auf meine Stirn zu legen, um das Fieber zu senken.

Als die Tokolys am darauffolgenden Sonntag mit unserem wöchentlichen Proviant kamen und mich von Kopf bis Fuß in die Steppdecke eingehüllt sahen und hörten, dass ich seit drei Tagen fieberte, erzählten sie, dass im Dorf eine Lungenentzündung grassiere. Viele seien erkrankt, vor allem Kinder. Einige seien sogar ins Krankenhaus eingeliefert worden und ein zweijähriger Junge gestorben.

Plötzlich sagte Anna etwas, das sehr typisch für diese einfachen Menschen vom Land war. Sie schlug die Hände über dem Kopf zusammen und rief: »Oh, was machen wir, wenn Aliska stirbt? Wo werden wir sie beerdigen? Wir haben nur einen christlichen Friedhof hier im Dorf, und dort werden wir sie sicher nicht zur Ruhe betten können!«

Das schien ihre größte Sorge zu sein. Sie überlegte nicht, was man gegen die Krankheit tun könnte, sie nahm sie als gottgegeben hin.

Zum Glück verstand Mutter nicht, was Anna sagte, sonst wäre sie sehr erschrocken gewesen. Alle machten sich große Sorgen um mich und hatten gleichzeitig Angst, sich anzustecken. Ich bin sicher, dass sie befürchteten, ich könnte sterben. Mutter und Vater waren so verzweifelt, dass sie sogar überlegten, mich zum Dorfarzt zu bringen, auch wenn wir dadurch Gefahr liefen, gefangen genommen und deportiert zu werden. Aber ich war dagegen und versprach ihnen, gesund zu werden.

Im Laufe des Januar rückte die Front immer näher. Jeden Tag wurde der Lärm der Artilleriegeschosse lauter. Sobald die Rote Armee das Dorf erreichen würde, wären wir gerettet und könnten unser Versteck verlassen. Wenn es doch bloß schnell ginge, damit man meine Krankheit heilen konnte. Es ging mir nach wie vor nicht besser. Die meiste Zeit schlief ich fest. Ich aß kaum etwas. Zum Glück trank ich viel Wasser, und das hielt mich möglicherweise am Leben. Ich wurde sehr schwach und konnte mich kaum aufsetzen.

An einem Tag dieses kalten Januars 1945 kam Vater vom allmorgendlichen Leeren des Eimers zurück. »Die Sonne scheint«, sagte er, »der Himmel ist strahlend blau, es ist kalt, aber die Luft ist gut.« Er machte mir einen verführerischen

Vorschlag, dem ich nur allzu gern zustimmte. Wenn ich wollte, würde er mit mir nach oben gehen. Alle fanden die Idee gut. Ich sehnte mich nach ein bisschen Tageslicht und frischer Luft. Ich war seit dem Besuch im Dorf, Anfang des Monats, nicht mehr draußen gewesen, und freute mich darauf, die warmen Strahlen der Sonne auf meinem Gesicht zu spüren.

Mutter half mir, ein paar Kleider und Pullover übereinander anzuziehen, und band mir ein Kopftuch um. Mit Vaters und Ronnys Hilfe gelang es mir, aus dem Loch zu klettern. Nach der langen Bettruhe konnte ich mich kaum auf den Beinen halten, und die beiden mussten mich stützen. Die Sonne und der Schnee blendeten mich, und ich schloss immer wieder die Augen. Ich konnte das Tageslicht nicht ertragen und sah nur ein gleißendes Weiß, das meinen Augen wehtat. Ich fragte Vater und Ronny, ob sie etwas sehen könnten. Auch Ronny musste sich erst an das Licht gewöhnen, doch dann beschrieb er mir, was er sah: Bäume, die Silos und das offene Feld zwischen unserer Höhle und dem Dorf.

Wir standen eine Weile da, aber ich konnte immer noch nichts sehen. Dann dachte ich entsetzt, dass ich möglicherweise erblindet sei. Vater und Ronny waren der Meinung, dass das hohe Fieber und das Fasten meine Sehfähigkeit beeinträchtigt hätten, dass es sich aber um eine vorübergehende Störung handelte. Aber ich regte mich sehr auf. Ich rieb mir die Augen, ich blinzelte, aber ich konnte weiterhin nichts sehen, außer schwarzen und weißen Flecken, die sich bewegten.

Plötzlich wurde mir übel. Ich wäre umgefallen, wenn Vater und Ronny mich nicht gehalten hätten. Sie brachten mich langsam zur Höhle zurück. Ich sagte, ich müsse mich ausruhen, und sie halfen mir, mich auf die schneebedeckte Erde zu setzen. Tränen liefen mir übers Gesicht, und mein Herz hämmerte wie wild. Hatte ich das Augenlicht verloren? Ich hatte einen Hustenanfall und spuckte blutigen Schleim aus. Vater und Ronny waren entsetzt, als sie die rostrote Farbe sahen. Aber ich konnte weder ihren besorgten Gesichtsausdruck sehen noch die blutige Farbe. (Sie haben es mir später erzählt, als ich wieder gesund war.) Die beiden beschlossen, mich sofort zurück in die Höhle zu bringen. Sie mussten mich halb ziehen, wie ich merkte, denn ich hatte keine Kraft mehr.

Zurück im Loch, hörte ich, wie die anderen flüsterten. Aber erst später erfuhr ich von der Sorge meiner Familie und meiner Freunde. Sie fühlten sich hilflos.

Ich hustete immer mehr Schleim aus. Eine Besserung meines Leidens trat erst ein, als ich endlich meine verstopfte Lunge frei gehustet hatte. Schließlich sank das Fieber. Ich aß wieder und kam langsam zu Kräften. Hin und wieder ging ich nach oben, um etwas frische Luft zu schnappen. Von Tag zu Tag erholte ich mich. Doch ich war immer noch in Sorge, weil ich nach wie vor nichts sehen konnte und fürchtete, erblindet zu sein. Mein Husten ließ nach, und schließlich beteiligte ich mich auch wieder an den Unterhaltungen und am Geschichtenerzählen.

Wie durch ein Wunder war ich gesund geworden – und das ohne Medikamente und unter unerträglichen Bedingungen. Zu meiner großen Erleichterung konnte ich schließlich auch wieder richtig sehen. (Nach der Befreiung wurde ich in einer Lungenklinik untersucht und geröntgt. Die Ärzte fanden dabei einen dunklen Schatten auf meiner Lunge. Sie verordneten mir eine Kur in der Hohen Tatra, und dort, in der Höhenluft, konnte ich endgültig genesen.)

Im Februar, dem kältesten Monat des Jahres, waren wir gezwungen, auch abends unter der Erde zu bleiben, der Zeit des Tages, in der wir uns gern nach oben wagten, um ein wenig frische Luft zu schnappen. Die Tage waren kurz, aber sie erschienen uns sehr lang, und immer wieder kam es zu kleinen Streitereien. Das Zusammenleben in einer so engen Behausung, ohne jede Privatsphäre, führte zwangsläufig zu Spannungen und Streit.

Ronny und ich waren die Einzigen, die sich nicht langweilten. Wir fanden Gelegenheiten, uns gegenseitig zu entdecken, und verbrachten die langen Stunden damit, uns unserer Liebe zu versichern und gemeinsame Pläne für die Zukunft zu schmieden. In der Dämmerung, wenn wir an der Reihe waren, zur Quelle zu gehen und Wasser zu holen, waren wir glücklich, allein zu sein. Wie gingen Hand in Hand, und trotz der Kälte schoben wir die Rückkehr zum Loch so lange hinaus, wie wir konnten. Jeder Tag, der zu Ende ging, erfüllte uns mit neuer Hoffnung auf eine bessere Zukunft.

Als der März uns nicht die Befreiung brachte, nach der wir uns alle sehnten, begannen wir zu zweifeln, ob das Ende des Krieges wirklich so nahe war, wie wir gehofft und geglaubt hatten. Wir lebten jetzt seit fast einem halben Jahr unter der Erde, abgesehen von den drei Wochen im Gefängnis und den Tagen, die wir uns in Cabaj-Čápor versteckt hatten, bevor wir verraten wurden. Das dunkle Loch deprimierte uns. Ungeduldig warteten wir darauf, dass die Front näher rückte, aber die Kampfgeräusche, die wir hörten, schienen sich wieder zu entfernen.

Wir wagten jetzt häufiger, nach oben zu gehen. Abwechselnd verließen jeweils zwei von uns die Höhle, für etwa eine Viertelstunde. Ich freute mich, wenn ich Schüsse hörte und das Blitzen der Artilleriegeschosse am Horizont sah. In dieser Zeit luden uns Vincent und Anna wieder zu sich nach Hause ein, damit wir baden konnten. Wir ließen diesmal jegliche Vorsichtsmaßnahmen außer Acht, da die Juden von den Deutschen und ihren Helfershelfern nun nichts mehr zu befürchten hatten.

Der März war fast vorbei, und nach Vaters Berechnungen war es bald Zeit, Pessach zu feiern, das Fest der Freiheit. Stundenlang munterte er uns mit der Geschichte unseres Volkes auf, das in Ägypten versklavt gewesen war, erzählte von Moses und den Wundern, die den Juden in jenen Tagen widerfahren waren. Er sprach über die Symbolik jener Zeit für unser Leben, denn auch wir sehnten uns danach, befreit zu werden.

Eines Tages, gegen Ende des Monats, kam Vincent, um uns zu berichten, dass die Russen näher rückten und die Dorfbewohner in heller Aufregung seien. Man hörte Gerüchte, dass die einheimischen Faschisten und die Nazikollaborateure in Nitra und anderswo nun die Rache der Sieger fürchteten.

Die Partisanen griffen überall an, brachten deutsche Versorgungszüge zum Entgleisen und waren dem Feind dicht auf den Fersen. Zahlreiche Angehörige der Hlinka-Garde desertierten, aber wenn sie den Partisanen in die Hände fielen, wurden sie kurzerhand exekutiert. Viele Distrikte in der Ostslowakei waren bereits befreit, und die wenigen verbliebenen Juden, die sich bis dahin versteckt oder als Christen ausgegeben hatten, genossen jetzt den besonderen Schutz der Befreier. Diese Berichte nährten unsere Hoffnung. Unsere Zeit im Untergrund war vielleicht in wenigen Tagen vorbei.

Die Russen kommen

Der Winter war vorbei. Die Luft roch nach Frühling. Das Zwitschern der Vögel drang bis zu uns unter die Erde und weckte unsere schlafenden, abgestumpften Sinne. Gegen Abend, wenn wir uns nach oben wagten, atmeten wir begierig den betörenden Duft der erwachenden Natur ein.

Eines Morgens, Anfang April, als Mutter gerade das Frühstück verteilte – für jeden ein Stück Brot und eine Scheibe harten Weißkäse –, bebte die Erde über uns. Sandbrocken regneten auf uns herab. Wir sahen zur Decke, die nicht abgestützt war, und befürchteten, dass sie einstürzen würde. Die Petroleumlampe, die an der Wand hing und die wir zum Essen angezündet hatten, wackelte und fiel vom Haken – aber irgendjemand fing sie auf, so dass sie nicht auf die Erde fiel und zerbrach.

Wir erstarrten und sahen uns entsetzt an. Mir fiel das Stück Brot aus der zitternden Hand. War das ein Erdbeben, das uns in diesem dunklen Loch für immer begraben würde? Unser erster Gedanke war, so schnell wie möglich aus dem Loch zu kriechen, trotz der Gefahr, entdeckt zu werden. Während wir noch zögerten, kam wieder ein gewaltiger Stoß. Vater löschte schnell die Lampe und meinte, wir sollten ruhig sein und abwarten.

Einer der Jungen flüsterte, dass es sich höchstwahrscheinlich um Artilleriefeuer und Granateinschläge handelte. Er erbot sich, nach oben zu kriechen, um nachzusehen, was los war, und noch ehe irgendjemand etwas sagen konnte, ging er los. Aber er war noch nicht oben angekommen, da bebte die Erde wieder. Eine Bombe musste in unmittelbarer Nähe detoniert sein. Der Junge rutschte zurück in die Höhle, entweder durch die Druckwelle der Explosion oder vor lauter Angst. Atemlos berichtete er, dass er Blitze gesehen habe, denen unmittelbar die Explosionen folgten. Die Schlacht müsse direkt über uns toben, sagte er. Langsam begriffen wir die Bedeutung der Ereignisse. Aber was sollten wir tun? Unten bleiben und riskieren, lebendig begraben zu werden, oder hinauskriechen und Gefahr laufen, von einer Kugel oder einem Schrapnell getroffen zu werden? Und wer konnte uns garantieren, dass wir draußen auf unsere Befreier stießen und nicht auf die im Rückzug befindlichen Deutschen, die nicht zögern würden, uns an Ort und Stelle zu erschießen? Wir beschlossen, im Versteck auszuharren.

Das Bombardement ging weiter, unterbrochen von kurzen Pausen. Ich suchte mir eine Beschäftigung, um meine Angst etwas zu bezähmen. Ich fing an, die »Einschläge« zwischen einer Explosion und der nächsten zu zählen, und kam fast immer auf die gleiche Zahl. Daraus konnte ich schließen, wann die nächste Explosion erfolgen würde, und mich darauf einstellen. Allmählich gewöhnten wir uns an den Krach, obwohl er uns nach wie vor ängstigte. Doch trotz unserer Angst waren wir glücklich und erleichtert, denn wir wussten, dass unser Schicksal sich wendete.

Das schwere Bombardement dauerte Stunden und hörte dann ebenso plötzlich auf, wie es angefangen hatte. Wir erwarteten zunächst weitere Explosionen, doch die Stille hielt an. Nach den vielen Detonationen, die noch in unseren Ohren hallten, kam uns die Ruhe unwirklich vor. Dann hörten wir plötzlich merkwürdige Geräusche, die immer lauter wurden.

Wir vernahmen gedämpftes Sprechen, Schreie, Stöhnen, den Ton einer Trillerpfeife, schwere Tritte von Mensch oder Tier, eilige Schritte, das Geräusch von Gegenständen, die über den Boden gezogen wurden. Unsere Nerven waren zum Zerreißen gespannt. Wir sahen nach oben, suchten nach Anhaltspunkten, um herauszufinden, was über uns vor sich ging. Mein Magen krampfte sich zusammen – wie so oft bei nervlichen Zerreißproben.

Plötzlich wurden wir von einem Lichtstrahl geblendet, der von oben hereinfiel. Jemand hatte die Bretter entfernt. Der Lichtstrahl bewegte sich durch die Höhle und leuchtete in vollkommener Stille unsere Gesichter ab, eines nach dem anderen, als ob jemand zu seiner Verblüffung in den Eingeweiden der Erde Kinder und Erwachsene entdeckte, die in den Lichtstrahl blinzelten. Eine dunkle Gestalt kroch zu uns herunter, und wir wichen erschreckt zurück, als wir sahen, dass er in der einen Hand eine Taschenlampe hielt und in der anderen ein Maschinengewehr, das auf uns gerichtet war. Der Mann trug eine Uniform. Wir drückten uns an die Wand. In der nächsten Sekunde würde er mitten unter uns stehen.

Der Soldat trat auf Vater zu und richtete seine Waffe auf ihn. Mutter sprang auf wie eine Löwin, die ihre Jungen schützen will, und sagte zu ihm auf Deutsch, da sie überzeugt war, dass er Deutscher war: »Bitte, tun Sie uns nichts, wir sind nur Flüchtlinge, die sich vor den Bomben in Sicherheit gebracht haben.«

Als er Deutsch hörte, wurde der Soldat wütend und fluchte. Dann sagte er auf Russisch: *»Kto vy nemsi?«* (»Bist du Deutsche?«), und richtete seine Waffe auf Mutter.

Vater, der noch etwas Russisch aus seiner Zeit bei der russischen Armee im Ersten Weltkrieg konnte, ging sofort auf den Soldaten zu, packte ihn am Arm, begrüßte ihn auf Russisch und sagte: *»My yevrei.«* (»Wir sind Juden.«) Und dann fuhr er in gebrochenem Russisch fort: »Wir sind vor den Deutschen geflohen und verstecken uns hier.«

Wie vom Donner gerührt, senkte der Soldat die Waffe, setzte sich zu uns und fing zu unserem Erstaunen leise zu weinen an.

Vater zündete die Lampe an, und wir sahen einen jungen Mann, kaum älter als sechzehn. Er wischte sich die Tränen aus den Augen, flüsterte einige zusammenhanglose Worte, die nur Vater verstand, die aber, so kam es uns vor, Hass und Wut ausdrückten. Vater erklärte, es handele sich um Flüche und Verwünschungen gegen die Deutschen, die uns in diese demütigende Lage gebracht hätten. Ihretwegen sei eine Familie mit kleinen Kindern gezwungen, wie wilde Tiere unter der Erde zu leben.

Wortlos umarmten und küssten wir ihn, zu seiner großen Verlegenheit. Vater übersetzte die vielen Fragen, mit denen er uns überschüttete. Er wollte alles über uns erfahren. Er sagte, der Krieg sei noch nicht vorbei, aber die Rote Armee sei inzwischen auf deutsches Gebiet vorgestoßen. Direkt über uns bewege sich die Front zügig Richtung Westen. Während er sprach, zog der Soldat ein Wurstbrot aus seiner Tasche und drängte uns, es zu essen.

Ich musste plötzlich an die Deutschen denken, die uns vor einiger Zeit beinahe aufgespürt hätten. Während die Deutschen aus Angst vor den Partisanen die Höhle nicht betraten, sondern es vorzogen, ungezielt hineinzuschießen, war der sowjetische Soldat furchtlos nach unten gekommen, obwohl er nicht wusste, wer oder was ihn erwartete. Wir fragten ihn, woraus er geschlossen habe, dass sich in diesem Erdloch Menschen befanden. Er sagte, er habe den warmen Luftzug gespürt, der aus der Öffnung kam, und daraus geschlossen, dass sich dort unten Menschen befinden mussten. Es sei seine Pflicht gewesen, der Sache auf den Grund zu gehen, um sicherzustellen, dass ihnen kein Hinterhalt drohte.

Nachdem wir den anfänglichen Schreck überwunden hatten, vertrauten wir dem Soldaten. Er schlug vor, dass wir ihn nach oben begleiteten, um die anderen Soldaten aus seiner Einheit kennen zu lernen. Wir willigten sofort ein und folgten ihm. In der Zeit, die wir brauchten, um nach oben zu kriechen, hatte er einige seiner Kameraden um sich versammelt und erzählte ihnen eine Kurzfassung unserer Geschichte. Sie staunten sehr, als sie erfuhren, dass wir so lange unter der Erde gelebt hatten. Aber noch ehe wir eine Unterhaltung beginnen konnten, begannen die Gefechte von neuem. Die Soldaten befahlen uns, sofort wieder nach unten zu gehen, aber nicht, bevor sie ihre Umhängetaschen geleert hatten, um ihre Verpflegung – trotz unseres Protests – großzügig mit uns zu teilen.

Wir krochen wieder nach unten und setzten uns nebeneinander auf den strohbedeckten Boden. Und plötzlich machten wir alle unseren Gefühlen Luft, wir weinten und lachten zugleich. Es war schwer zu glauben, dass der Moment unserer Befreiung endlich gekommen war. Etwas später kam ein anderer Soldat, ein junger Offizier, zu uns. Er sagte, dass er Jude sei, und sprach Jiddisch. Wir waren hocherfreut, einem Angehörigen unseres Volkes zu begegnen, vor allem auch, weil wir uns mit ihm auf Jiddisch unterhalten konnten. Der Offizier sagte, dass er, als er von der jüdischen Familie erfahren habe, die sich in einem Erdloch versteckte, uns sofort habe kennen lernen wollen.

Er hörte aufmerksam zu. Auch wenn er von der Verfolgung und der Deportation der Juden Kenntnis hatte, so hatten die Soldaten seines Ranges in der Roten Armee in all den Kriegsjahren wenig Gelegenheit gehabt, sich über das Schicksal der Juden oder die Entbehrungen der Zivilbevölkerung Gedanken zu machen. Der Offizier war schockiert über die Menschenunwürdigkeit unserer Existenz. In seinem jungen Gesicht standen Wut und Trauer, und er war glücklich, dass es ihm beschieden war, zu unseren Befreiern zu gehören und uns die Botschaft zu überbringen, dass wir gerettet seien. Er versprach, dass sich unsere Situation nun bessern und das Leben in Angst bald vorbei sein würde.

Der ganze wunderbare Tag verging wie im Rausch. Immer

wieder spähten wir vorsichtig aus der Öffnung, konnten nicht fassen, dass unser Leiden ein Ende haben sollte. Russische Soldaten besuchten uns Tag und Nacht. Soldaten und Offiziere kamen und gingen meist paarweise, weil der Raum so eng war. Alle wollten uns sehen und mit uns sprechen, auch wenn wir uns meistens nur mit den Augen und in Zeichensprache verständigen konnten. Einige von ihnen brachten uns Essen, um uns eine Freude zu machen. In der Zwischenzeit gingen die Kämpfe weiter, und die Explosionen erschütterten die Wände der Höhle.

Nachts, wenn es still war, krochen wir aus der Höhle und setzten uns zu den Soldaten ans Lagerfeuer. Sie hüllten uns in Decken und überschütteten uns mit Aufmerksamkeiten. Wir reagierten mit Dankbarkeit und Bewunderung. Als sie wehmütige Lieder sangen, begleitet von einem Akkordeon, wandte einer der Soldaten sich an Vater und sagte: *»Dawai, wodka.«* Wir dachten, der Soldat hätte Durst und wollte Wasser trinken, denn im Slowakischen heißt *vodka* Wasser. Ronny und ich standen sofort auf und rannten mit einem Eimer zur Quelle. Aber als wir dem Soldat das Wasser brachten, sahen wir, dass er enttäuscht und sogar beleidigt war. Er sah uns mit kaum unterdrückter Wut an. Schließlich fluchte er und setzte eine Miene auf, die glauben machte, er wäre das Opfer eines gemeinen Streichs.

Seine Freunde klärten ihn über das Missverständnis auf, und als er unsere unschuldigen, verängstigten Gesichter sah, nahm er den Eimer, goss das Wasser aus und stampfte mit den Füßen, murmelte irgendetwas, lächelte und ging.

Als wir spätnachts wieder in der Höhle waren, schliefen meine Schwestern sofort ein, aber wir anderen waren zu aufgewühlt, um zu schlafen. Wir unterhielten uns über die Ereignisse des Tages und stellten uns zahlreiche Fragen, die uns beunruhigten: Was würde der morgige Tag bringen? Würden wir wieder in unser altes Zuhause zurückkehren können?

Wen würden wir dort antreffen? Wie war es unserem Cousin Simon ergangen, der mit uns aus Ungarn geflohen war? Was war mit unseren vielen Verwandten und Freunden geschehen, von denen wir so lange nichts gehört hatten? Wir wussten, es würde lange dauern, bis wir wieder ein normales Leben führen könnten. Jeder von uns versuchte, sich die Welt auszumalen, die »da draußen« auf uns wartete. Wie würden wir uns in der Gesellschaft wieder zurechtfinden?

Wir redeten darüber, wie viel Wissen wir nachholen müssten, dass wir wieder zur Schule gehen würden und nach Palästina auswandern wollten. Für uns stand fest, dass wir nicht länger in einem Land leben wollten, in dem die Mehrheit der Bevölkerung nicht nur nichts gegen die Verfolgung der Juden unternommen, sondern sogar mit den Nazis kollaboriert hatte. Ja, wir waren zwar nicht mehr von Verfolgung und Deportation bedroht, aber Zukunftsängste und unbeantwortete Fragen hielten uns wach. Gleichzeitig hörten wir nicht auf, unser großes Glück zu preisen. Wir blickten in Zorn und Schmerz zurück auf den langen Leidensweg unseres Volkes, aber zumindest in unserem Fall lag in diesem Rückblick auch eine gewisse Genugtuung. Wir hatten überlebt, dank unseres Muts.

Doch unsere Freude über die Freiheit war nicht ungetrübt, wir machten uns Sorgen um unsere Familien. Die drei Jungen konnten sich ebenfalls nicht von ihren Ängsten um ihre Angehörigen befreien. Bald würden wir erfahren, ob auch sie überlebt hatten.

Am meisten sorgten wir uns um unsere Großeltern. Wir konnten uns nicht vorstellen, dass sie die Deportation in ein »Arbeitslager« überstanden hatten (wir wussten zu dem Zeitpunkt ja noch nicht, dass sie in Gaskammern ermordet und ihre Körper verbrannt worden waren). Mutter, die von Natur aus pessimistisch war, wurde von einer tiefen Traurigkeit ergriffen und von Gewissensbissen geplagt; sie weinte meistens still vor sich hin. Ihr Gefühl sagte ihr, dass sie ihre Eltern nie wiedersehen würde.

In der Zwischenzeit zog die Front an Jarok vorüber, und die Schlachtgeräusche entfernten sich. Man gestattete uns, in die bereits befreiten Zonen zu gehen. Der Boden war wie mit Pockennarben von den Einschlägen gezeichnet, und wir sammelten Bombensplitter und Patronenhülsen. Wir sahen auch Pferdekadaver mit glasigen Augen und steifen Gliedern, die sich in den Himmel reckten. Über allem hing der Gestank von Verwesung. Aus einem großen Zelt, das als Feldlazarett diente, drang das Stöhnen verwundeter Männer. Als wir uns einigen abgedeckten Lastwagen näherten, die neben dem Lazarett standen, scheuchte man uns weg. In den Wagen lagen tote Soldaten. Sobald die Kämpfe nachließen, würde man sie im Dorf bestatten.

Am dritten Tag nach unserer Befreiung sagte Vater mit leuchtenden Augen, dass wir jetzt nach dem jüdischen Kalender den Monat Nissan hätten und bald Pessach feiern könnten. Und so Gott wolle, sagte Vater, würden wir den Sederabend in Nitra begehen. Wir hofften, dass wir dort *matzot* (ungesäuertes Brot) bekommen und einen richtigen Seder abhalten könnten.

Vaters Worte klangen wie aus einer anderen Welt. Wer erinnerte sich noch daran, dass es religiöse Feste auf der Welt gab und auf welchen Tag sie fielen? Aber Vater hatte die Tage, Wochen und Monate in Gedanken stets gezählt. Jeden Monat hatte er den Neumond registriert, und er kannte die Daten der Feiertage auswendig.

Vater hatte bisher unaufhörlich Pläne gehabt, und wir waren den meisten mit großer Skepsis gefolgt. Seine Hoffnung, dass wir nach der Befreiung das Pessachfest feiern könnten, klang illusorisch. Aber je länger wir darüber nachdachten, desto mehr wurde uns bewusst, dass viele von Vaters Plänen, die uns zunächst völlig unmöglich erschienen waren, letztlich doch verwirklicht wurden. Nach und nach kamen wir zu dem Schluss, dass fast alles, was Vater vorhersagte, auch eintraf.

Von der Dunkelheit ins Licht

Als wir am nächsten Morgen aus unserer Höhle krochen, erfuhren wir, dass über Jarok eine Ausgangssperre verhängt worden war. Wir freuten uns über diese Nachricht, denn sie bedeutete, dass unsere »Steinzeit« zu Ende war. Wir baten einen der freundlichen Offiziere, unser feuchtes, stinkendes Loch verlassen zu dürfen. Wir erklärten ihm, dass uns eine der Familien im Dorf in dieser schweren Zeit geholfen habe und dass wir sie aufsuchen wollten. Der Offizier gab seine Einwilligung, wies uns aber an, bis zum Abend zu warten. Er befürchtete, dass wir von verirrten Kugeln getroffen werden könnten.

Gegen Abend sammelten wir unsere wenigen Habseligkeiten zusammen – darunter die Petroleumlampe und die wertvolle Steppdecke –, verabschiedeten uns von dem jüdischen Offizier und seinen Kameraden und machten uns auf den Weg, eskortiert von zwei Soldaten. Wir warfen einen letzten Blick in das Loch, das uns so lange Zuflucht geboten hatte, und waren von tiefer Dankbarkeit erfüllt.

Es dämmerte, als wir das Dorf erreichten. In der zunehmenden Dunkelheit sahen wir patrouillierende Soldaten, die über die Ausgangssperre wachten. Zielstrebig eilten wir zum Hause der Tokolys. Das Tor stand offen, und wir überquerten den Hof und klopften an die Haustür. Sie hatten uns schon kommen sehen und rissen die Tür auf. Wir überfielen sie mit Umarmungen und Küssen, weinten Tränen der Freude. Die Soldaten, die uns eskortiert hatten, wünschten uns alles Gute und gingen. Die drei Jungen gingen weiter zu Pavel, ihrem Wohltäter.

Nachdem sich die erste Aufregung ein wenig gelegt hatte, fragten wir Vincent und Anna, ob wir baden dürften. Natürlich wollten wir uns waschen, ehe wir uns in ihrem Haus schlafen legten. Ihre einzige Tochter, Ela, die in Miriams Alter war, freute sich, dass sie beide in einem Bett schlafen durften. Nach dem Bad überraschten uns Anna und Vincent mit einem Festmahl aus allem, was sie hatten zusammentragen können. Wir saßen auf Stühlen an einem gedeckten Tisch – nachdem wir monatelang in der Höhle auf der Erde gehockt und gegessen hatten –, und das köstliche Essen war ein wahres Fest. Wir redeten stundenlang. Und wir dankten Gott und auch unseren Gastgebern, die uns so großzügig und unentgeltlich in höchster Not geholfen hatten.

Wir vereinbarten, dass wir bis zur Befreiung Nitras bei ihnen bleiben würden. Wenn wir wieder in die Wohnung zurückgekehrt wären, in der wir bis zum 7. September 1944 gewohnt hatten, würden wir Kontakt zu ihnen aufnehmen und sie wieder besuchen kommen. Wir wollten uns so gern für all ihre Freundlichkeit und Großzügigkeit erkenntlich zeigen. Sie würden für immer in unseren Herzen bleiben. Wir freuten uns auch auf die erste Gelegenheit, uns bei dem Pfarrer des Dorfes für seine materielle und geistige Unterstützung bedanken zu können.

Die Ausgangssperre wurde am nächsten Tag aufgehoben, und die Dorfbewohner durften wieder ihre Häuser verlassen. Alle machten sich zum Dorfplatz vor der Kirche auf, wo sie in kleinen Gruppen herumstanden, diskutierten und darüber spekulierten, was die Zukunft bringen mochte. Die Welt hatte sich verändert. Nichts mehr würde nach dem Ende des Krieges so sein wie früher.

Der Pfarrer kam aus der Kirche und wurde sofort von den Dorfbewohnern umringt, die darauf warteten, ihm die Hand zu küssen. Es war das erste Mal, dass wir ihn sahen. Er strahlte eine innere Schönheit aus, und seine eindrucksvolle

Gestalt war ein Spiegel seiner Seele. Wir reihten uns in die Schlange ein, und als wir an der Reihe waren, stellten wir uns vor. Der Pfarrer umarmte Vater und nannte ihn bei seinem Namen, Moritz. Seine Augen wurden feucht, und er schüttelte uns die Hände. Wir brachten unsere tiefe Dankbarkeit für seine Hilfe zum Ausdruck, und er erwiderte, er danke uns, dass wir ihm die Möglichkeit gegeben hätten, uns zu helfen, obwohl er überzeugt sei, dass er nicht genug getan habe. Die Gläubigen waren überrascht, mit welcher Herzlichkeit ihr Pfarrer zu den Juden sprach. Er faltete die Hände und segnete uns. In seinem Namen und im Namen seiner Gemeinde bat er um Vergebung für das Unrecht und das Leid, das den Juden widerfahren war, nicht zuletzt wegen der Gleichgültigkeit der christlichen Bevölkerung.

Wir waren Zuschauer bei den Siegesfeiern, die zusammen mit den Streitkräften der Befreier abgehalten wurden. Während der Feierlichkeiten stießen wir auf die drei Jungen, mit denen wir so viele Monate das Versteck geteilt hatten. Ronny und ich wollten uns umarmen, aber anders als in der Dunkelheit der Höhle waren wir vor den Augen der anderen zu schüchtern, um uns zu berühren. Nur unsere Augen drückten unsere Liebe aus und unsere Freude darüber, uns wiederzusehen. Wir lernten auch zwei andere jüdische Familien kennen, die von Dorfbewohnern versteckt worden waren. Sie hatten mehr Glück gehabt als wir, weil sie in einem gemütlichen, sicheren Haus Zuflucht gefunden hatten und nicht in einem modrigen Loch hausen mussten. Im Unterschied zu uns hatten sie sehr viel Geld und waren daher in der Lage, ihre Beschützer für die Wohltaten, die sie ihnen erwiesen, zu bezahlen. Alle priesen unseren Mut und unseren Einfallsreichtum und die Ausdauer, die wir gezeigt hatten.

In den nächsten Tagen suchten wir Kinder nach Möglichkeiten, uns die Zeit zu vertreiben. Im Hof der Tokolys befand sich ein Brunnen mit einer runden Einfassung aus rotem

Backstein. Wir amüsierten uns, indem wir mit dem Eimer, der an ihm befestigt war, Wasser hochzogen und wieder zurückschütteten. Wir kletterten auf den großen Baum, der vor dem Haus an der Straße stand, und fütterten die Tiere, die beiden Kühe, die vier Schweine, die Kaninchen in ihren Käfigen und die Hühner und Enten, die frei im Hof und auf der Straße herumliefen. Die russischen Soldaten, mit denen wir uns am Tage unserer Befreiung angefreundet hatten, besuchten uns hin und wieder.

An einem sonnigen Tag saßen wir im Hof und wärmten uns, als der jüdische Offizier bei uns vorbeischaute. Er bat um ein Glas von dem klaren, frischen Wasser, das wir gerade aus dem Brunnen hochgezogen hatten, und ich war glücklich, seinem Wunsch nachkommen zu können. Doch ehe ich das Glas füllen konnte, riss Vincent es mir aus der Hand, um unserem Gast seinen selbst gekelterten Wein zu kredenzen. Das Glas zerbrach in meiner Hand, und ich schnitt mir tief in die Finger. Wir waren alle entsetzt, besonders Vincent, der fühlte, dass es seine Schuld war.

Der Offizier eilte mit mir zum Feldlazarett. Aber der Arzt sagte, der Schnitt sei zu tief, als dass er die Nerven und Venen zusammenflicken könnte. Und er hatte auch keine Schmerztabletten mehr.

Die Schmerzen waren unerträglich, und ich weinte Tag und Nacht. Es dauerte nicht lange, und die Wunde entzündete sich und eiterte. Die Folge war, dass ich das Gefühl in den Spitzen beider Finger verlor. Bis heute sind sie sehr empfindlich, besonders bei Kälte, ein schmerzhaftes Souvenir, das einen leichten Schatten auf jene berauschenden Tage der Befreiung wirft.

Als wir in Nitra wieder in die kleine Wohnung einzogen, die bis zu unserer Flucht unser Zuhause gewesen war, hatte die Rote Armee bereits den größten Teil der Slowakei eingenommen. Einige wenige Juden, Überlebende der Todeslager, kehrten nach und nach in die Stadt zurück. Sie waren gebrochene Menschen und gingen verängstigt durch die Straßen, sahen sich ständig nach allen Seiten um, waren tief verstört.

Schon wenige Tage nach unserer Ankunft konnten wir eine geräumigere Wohnung mieten und dort den Sederabend begehen, genauso wie Vater es vorausgesagt hatte. Wir luden einige Flüchtlinge ein, die in der Schoah ihre Angehörigen verloren hatten und völlig allein zurückgeblieben waren. Sie blickten traurig und gaben sich große Mühe, unsere Freude zu teilen. Für uns hatte dieser Vorabend des Pessachfestes eine ganz besondere Bedeutung, und wann immer wir zusammen den Sederabend begingen und aus der Haggadah vorlasen und zu der Zeile kamen: »Als Israel aus Ägypten kam«, fügte Vater hinzu: »Und als wir aus Jarok kamen, waren wir wie Träumer …«

Seit jenem ersten Pessach nach der Befreiung haben wir nie vergessen, den traditionellen Worten der Haggadah diesen Satz hinzuzufügen.

»Großmama, wie ging es weiter, als ihr wieder in Nitra wohntet? Seid ihr nochmals nach Jarok gefahren, um die Tokolys zu besuchen? Und wann seid ihr nach Israel gegangen?«, fragte Omer.

»Wir haben uns bemüht, den Tokolys so viel an Unterstützung zurückzugeben, wie wir nur konnten. Nach dem Krieg herrschten in Europa lange Zeit chaotische Zustände – es fuhren nur wenige Züge, und für Autos und Busse gab es weder Benzin noch Ersatzteile. Lebensmittel und Gegenstände des täglichen Bedarfs waren knapp und rationiert. Der Schwarzmarkt blühte, und die Menschen hungerten. Viele Städte waren im Krieg schwer beschädigt worden, und die Infrastruktur war zerstört. Auf dem Land war die Versorgungslage ein wenig besser als in den Städten, denn die Bauern hielten Tiere und bauten Obst und Gemüse an. Aber Klei-

dung, Medikamente und die vielen Dinge des täglichen Bedarfs waren für niemanden leicht zu beschaffen.

Wenn wir die Tokolys besuchten, brachten wir stets alles mit, was wir auftreiben konnten. Ich erinnere mich an einen Besuch, an dem wir Nähgarn mitbrachten, das damals sehr viel wert war und gegen andere Dinge eingetauscht werden konnte. Und als meine Eltern wieder in ihren früheren Berufen arbeiteten und auf diese Weise für unseren Lebensunterhalt sorgten, brachten wir ihnen auch jedes Mal etwas Geld. Wir blieben in engem Kontakt zueinander – bis wir 1947 nach Israel gingen – und teilten Kummer und Freude.«

»Großmama, erzählst du mir jetzt, wie ihr nach Israel gekommen seid und wie die ersten Jahre hier waren?«, fragte Omer. »Versprich mir, Großmama, dass du mir den Rest der Geschichte auch noch erzählen wirst!«

»Ich verspreche dir, wenn ich die Kraft finde, noch mehr zu erzählen und aufzuschreiben. Aber wie ich nach Israel gekommen bin und hier ein neues Leben angefangen habe, das ist eine neue Geschichte.«

Epilog

Nachdem wir 1947 in Palästina angekommen waren, das damals noch britisches Mandatsgebiet war, blieben wir zunächst mit der Familie Tokoly in Kontakt. Doch die Briefe wurden seltener, da sich unsere Integration äußerst schwierig gestaltete und kurz nach unserer Ankunft der Unabhängigkeitskrieg ausbrach. Mutter und Vater lebten ungefähr ein Jahr lang in einem Zeltlager. Das bisschen Geld, das sie mitgebracht hatten, war schnell aufgebraucht; sie konnten sich kaum über Wasser halten. Wir Mädchen kamen in Einrichtungen der Jugend-*Alijah*.

1949, als der Eiserne Vorhang Osteuropa abtrennte, brach der Kontakt zu Anna und Vincent ab. Auf Umwegen erfuhren wir, dass Anna noch ein Kind, einen Sohn, bekommen hatte. Zwei Jahre später erfuhren wir zu unserem Entsetzen, dass Anna an Tuberkulose gestorben war – sie war erst dreißig Jahre alt. Wir haben jahrelang um sie getrauert, wie um ein Familienmitglied.

Fünfzehn Jahre später erkrankte Mutter unheilbar und starb; Vater starb wenige Jahre nach ihr. Miriam, Rachel und ich studierten, heirateten, zogen Kinder groß, arbeiteten und gingen unseren täglichen Pflichten nach. Aber all die Jahre warteten wir sehnsüchtig auf den Tag, an dem wir unsere »Retter« wiedersehen würden. Wir wollten sie besuchen und auch nochmals das düstere Loch sehen, das sieben Monate lang unser »Zuhause« gewesen war.

Nach der politischen Wende in Osteuropa nahmen wir die erste Gelegenheit war – wir drei Schwestern und unsere Ehemänner – und reisten in die Slowakei. Unser Weg führte uns

Unsere Familie kurz nach der Ankunft in Palästina – vordere Reihe (von links nach rechts): ich, Miriam, Rachel

zuerst nach Jarok. Unsere Erdlöcher fanden wir nicht mehr. Die Dorfbewohner hatten sie zugeschüttet und auf dem ehemaligen Weizenfeld einen Weinberg angelegt, so wie in vergangenen Zeiten. Wir waren enttäuscht, dass wir unseren Männern unseren einstmaligen Zufluchtsort nicht mehr zeigen und ihn für unsere Enkelkinder fotografieren konnten.

Wir trafen Ela, die Tochter von Vincent und Anna, die jetzt eine eigene Familie hatte. Sie erinnerte sich an unsere Namen und sagte, dass sie sich in all den Jahren große Sorgen um uns gemacht hätten, wegen der vielen Kriege in Israel. Auch sie habe sich danach gesehnt, uns wiederzusehen. Leider mussten wir erfahren, dass auch ihr Vater vor vielen Jahren gestorben war. Er hatte angefangen zu trinken, aus Kummer über Annas Verlust, und war an einer Alkoholvergiftung gestorben.

Unser Besuch fand an einem Sonntag im Sommer statt. Wir gingen gemeinsam auf den Friedhof und besuchten das Grab der Tokolys.

1994 wurden Anna und Vincent Tokoly von Yad Vashem als »Gerechte unter den Völkern« geehrt

Als wir über die Dorfstraße zurückgingen, freuten wir uns, wenn uns einige ältere Dorfbewohner erkannten und Erinnerungen mit uns austauschten. Sie erwähnten dabei auch kleine Begebenheiten, von denen wir nicht gewusst hatten. Ein alter Mann etwa erzählte uns, dass er Moritz (wie Vater genannt wurde) immer durch Vincent Brot und Käse geschickt habe.

Wir besuchten auch andere Orte. So wollten wir zum Beispiel unbedingt zu dem Gefängnis zurückkehren, aus dem wir am Heiligen Abend 1944 geflohen waren. Tief bewegt standen wir auf dem Bürgersteig vor dem Kellerfenster, durch das wir in die Freiheit gekrochen waren. Wir maßen die Breite der Öffnung und wollten nicht glauben, dass wir durch dieses schmale Fenster hatten fliehen können.

Als wir nach Michalovce kamen, waren wir sehr enttäuscht, keine Spuren des einstmals so blühenden jüdischen Lebens mehr zu finden. Die herrliche Synagoge war abgerissen worden. Wir gingen zum Krankenhaus, in dem ich mich damals hatte operieren lassen, aber wir gingen nicht hinein: Ich hatte nicht das Bedürfnis, es wieder zu betreten.

Wieder in Israel, reichten wir bei Yad Vashem das Gesuch ein, Anna und Vincent Tokoly als »Gerechte unter den Völkern« zu würdigen. Unserer Eingabe wurde stattgegeben. Ihre Tochter Ela nahm stellvertretend für sie die Urkunde in Empfang, in einer würdevollen Feierstunde in der israelischen Botschaft in Bratislava.

Danksagung

Ich möchte meine dankbare Liebe zu meinem aufopfernden Mann Avigdor zum Ausdruck bringen, der meine Bastion der Stärke und Unterstützung war, wenn mir beim Schreiben dieser Erinnerungen der Mut schwand und ich drauf und dran war aufzugeben. Ich danke ihm auch für seine praktischen Ratschläge, wann immer ich unsicher war.

Danken möchte ich meiner Enkelin Omer, die mich drängte, meine Geschichte zu erzählen, und mich überredete, dieses Buch zu schreiben.

Ich danke Dr. Gila Fatran, die aus meiner Heimatstadt stammt und sich bereit erklärte, das Manuskript zu lesen und Ungenauigkeiten hinsichtlich der historischen Ereignisse zu korrigieren.

Und mein Dank geht an das Team von Yad Vashem, das dieses Buchprojekt bis zur Drucklegung betreut hat.